Colonel BRÉMOND

# Conseils Pratiques

## pour les Cadres

### de l'Armée Métropolitaine

appelés à servir

### au Levant ou en Afrique

**CHARLES-LAVAUZELLE & C<sup>IE</sup>**

*Éditeurs militaires*
PARIS, Boulevard Saint-Germain, 124
LIMOGES et NANCY, Rue Stanislas, 58

1922

Colonel BRÉMOND

# onseils Pratiques

## pour les Cadres

### de l'Armée Métropolitaine

#### appelés à servir

### au Levant ou en Afrique

**CHARLES-LAVAUZELLE & C$^{IE}$**
*Éditeurs militaires*
PARIS, Boulevard Saint-Germain, 124
LIMOGES et NANCY, Rue Stanislas, 53

1922

Par lettre en date du 11 mars 1922, le Ministre de la
guerre et des pensions a adressé un témoignage de
satisfaction, après la publication de ces articles dans
la *Revue d'Infanterie*.

# AVANT-PROPOS

*La dernière guerre a révélé à la plupart des Français que nos colonies et établissements d'outre-mer faisaient partie de nos forces vitales.*

*Elle a montré que, contrairement à la légende qui a eu cours après la guerre de 1870, les cadres qui avaient la pratique des pays d'outre-mer possédaient des qualités de commandement particulièrement solides.*

*Sous l'influence des guerres continentales, et, en particulier, après nos défaites du premier Empire, en 1814 et 1815, les Français s'étaient repliés sur eux-mêmes; les désastres de 1870-1871 avaient accentué ce renoncement, signe de faiblesse. Après la victoire qu'ils viennent de remporter, ils doivent reprendre les habitudes extérieures qui avaient donné à leurs ancêtres des croisades au XVIIIe siècle la première place dans le monde. C'est là une question vitale, à l'heure où la lutte pour l'existence est devenue plus dure que jamais; il faut que la France trouve au dehors toutes les ressources agricoles, commerciales, industrielles dont elle a besoin, sans avoir à se les procurer à l'étranger, qui est toujours pour le moins un concurrent économique. C'est là tout simplement de l'exploitation de la victoire, laquelle ne vaut que par ses conséquences. Les questions coloniales, sous quelque étiquette qu'on les place : colonie, protectorat, mandat, zone d'influence, etc..., deviennent donc de premier plan. L'officier, dont le rôle social est primordial, a une place importante à tenir dans cette orientation nouvelle de notre action. D'autant plus qu'il faut se hâter de profiter de l'accalmie que nous donne l'affaiblissement mo-*

mentané de l'Allemagne. Notre ennemie ne songe pas à désarmer, au contraire. Avant qu'elle ait trouvé moyen de se relever, il faut que nous ayons pris dans le monde une situation assez forte pour lui imposer des idées moins belliqueuses, ou tout au moins nous mettre en mesure de lui tenir tête victorieusement.

Nos forces d'outre-mer vont se trouver notablement accrues comme compensation obligée à la réduction de la durée du service dans la métropole; les cadres appelés à servir hors de France prendront un accroissement numérique correspondant et, étant donnée notre situation financière, le budget ne pourra fournir les crédits nécessaires pour trouver à les compléter uniquement en volontaires. Il est donc vraisemblable que tous les officiers de la métropole seront appelés au cours de leur carrière à faire du service sur les théâtres d'opérations extérieurs. Il en est déjà ainsi depuis longtemps pour les médecins, les vétérinaires, les sous-intendants militaires qui doivent faire obligatoirement un séjour de quatre ans dans l'Afrique du Nord.

Pour beaucoup d'officiers métropolitains, cette perspective de départ représente un inconnu presque complet. Et, comme on le sait, les premiers pas sont les plus difficiles. Ces notes, très élémentaires, se proposent simplement de leur faciliter ces débuts. Rédigées dans cet esprit, elles n'ont aucune autre prétention que de chercher à être utiles.

Ce travail est divisé en deux parties : la première est relative aux questions d'ordre matériel se rapportant au départ et au voyage; la deuxième concerne la vie à mener et la conduite à tenir  soit dans l'Afrique du Nord, soit au Levant.

# CONSEILS PRATIQUES

## pour les Cadres de l'Armée métropolitaine

### appelés à servir en Afrique ou au Levant.

PREMIÈRE PARTIE.

#### I. — Préparatifs de départ.

On peut poser en principe qu'on emporte toujours en voyage trop de bagages et beaucoup de choses inutiles. Il faut avoir la sagesse de se limiter. D'autant plus que, presque partout, on trouve à se procurer ce qui peut faire besoin. Et il y a si peu de choses vraiment nécessaires! Mais, d'autre part, un confort au moins relatif est utile pour affronter un climat nouveau, des fatigues plus grandes.

Les bagages doivent comprendre :

a) *Linge, vêtements, chaussures;*

b) *Campement et couchage;*

c) *Harnachement.*

A) Linge, vêtements, chaussures.

Dans l'Afrique du Nord, comme dans les pays du Levant, il y a en hiver des froids comparables à ceux de France, surtout dans les régions élevées (l'Atlas dépasse 4.000 mètres et le Taurus atteint 4.500 mètres). On devra donc emporter des vêtements d'hiver.

Pour l'été, il faut avoir une ou deux tenues de toile

kaki soignées; on pourra se procurer sur place les effets de toile à porter en colonne ou dans le service.

En Algérie et en Tunisie, où on mène normalement à peu près la même vie qu'en France, il est utile de pouvoir s'habiller en civil; au Maroc, on s'y met peu; au Levant, pas du tout.

Tout ce qu'on emporte doit être contenu dans des cantines ou des malles de volume et de poids analogues, car on aura souvent à faire manutentionner ses colis à bras d'hommes, à les faire transporter à dos de mulet ou même à dos de chameau. Le poids du colis, enveloppe comprise, ne doit pas dépasser 50 kilogrammes.

Les cantines doivent être solides, car, à bord des bateaux, et surtout lorsqu'on ne débarque pas à quai, comme c'est le cas au Maroc et au Levant, elles subissent des épreuves de résistance sérieuses.

Comme linge, ne prendre qu'un minimum; on trouve presque partout à acheter au fur et à mesure ce qui est nécessaire. Il devra être solide, pour résister au blanchissage qui est très funeste au linge trop arachnéen.

On peut donc prévoir l'emport de :

Deux tenues de drap (képi, tunique, culotte), un pantalon de drap, une capote de drap, un manteau caoutchouté léger;

Deux tenues de toile kaki (tunique, culotte), un pantalon de toile (la tenue de toile blanche est un luxe qui ne s'impose pas);

Du linge pour deux semaines.

Le casque peut s'acheter sur place; mais, si on part en été, on fera bien de se le procurer à Marseille ou à Bordeaux. La forme réglementaire a ses partisans, la forme anglaise aussi. Mais il convient de porter son choix sur la forme réglementaire. Le casque réglemen-

taire est solide, mais lourd; on en fait de très légers,
du même modèle, mais ils sont fragiles.

Deux paires de chaussures de marche, avec houseaux ou bandes molletières;

Une paire de chaussures de ville;

Comme gants, les gants de fil sont préférables en
été; ils se lavent et sont moins chauds (blancs ou de
couleur, généralement kaki).

### B) Campement, couchage.

Il n'y a pas en France de modèles réglementaires
de campement et de couchage. La seule règle qui s'impose est celle du poids.

En colonne, en général, les officiers ont droit à un
demi-mulet (50 kilogrammes) chacun; le capitaine ou
commandant de compagnie ayant un mulet, mais prenant la comptabilité de la compagnie. Dans ces conditions, les officiers n'ont qu'une tente pour deux. Pratiquement, lorsque les circonstances le permettent,
chaque officier a un mulet de bagage (100 kilogrammes). Mais il n'y faut pas trop compter.

Le campement comprend : la tente, le lit, une table,
un siège, un matériel de toilette, un matériel de popote.

Dans l'armée anglaise, il existe des modèles réglementaires, ce qui a permis la fabrication en série, par
conséquent à des prix peu élevés; en outre, chacun est
limité forcément au poids et au volume réglementaires.
L'absence de modèle réglementaire se traduit donc par
une augmentation de dépense et surtout par le fait
que les scrupuleux se gênent et se restreignent, tandis
que les autres pratiquent le foisonnement. De là, des
heurts qui, dans les circonstances parfois délicates où
on peut se trouver, prennent une importance regret-

table dont le service souffre. Il faut savoir rester dans les limites permises, y eût-il de mauvais exemples.

Il y a plusieurs formes de tentes : bonnet de police, solide mais lourde, donnant peu de place; marquise, plus seyante, mais tenant moins bien au vent; en forme de baraque carrée, donnant le maximum de place et où l'on peut se tenir debout; actuellement, c'est la plus usitée.

Chacun de ces modèles a ses partisans.

Une bonne tente doit être doublée, facile à réparer (montants de bois); le double toit est une excellente chose pour les périodes de soleil, qui sont pénibles sous la tente. Les montants métalliques ne sont pratiques que pour les officiers vivant près d'un atelier d'ouvriers en fer.

Chaque tente comporte un lot de petits piquets.

Les petits piquets en fer tiennent bien dans les terrains durs, les piquets en bois sont seuls utilisables dans les terrains sablonneux. On fera bien d'avoir la moitié en bois et la moitié en fer. Les piquets et le maillet se roulent dans l'intérieur de la tente pour le chargement; il faut les mettre dans un panier genre cabas (couffin de palmier nain, par exemple), pour qu'ils ne déchirent pas la toile de la tente par frottement au cours de la marche.

Il est bon d'avoir toujours une ou deux cordes de rechange pour la tente, deux maillets, l'un en bois, l'autre en fer, ce dernier servant aussi pour enfoncer le piquet d'attache du cheval.

Le lit doit être solide, facile à réparer, léger, et se prêter au chargement pour le transport. Le lit de cantine, autrefois en usage en Afrique (deux brancards reliés par une toile et s'appuyant sur la cantine), était rustique, mais lourd et encombrant. On fabrique aujourd'hui des lits à X en bois ou en acier creux, qui sont très suffisamment solides, mais d'équilibre parfois instable.

Il est nécessaire, surtout en station, pendant l'hiver, d'avoir un petit matelas mince et une paire de draps. On peut remplacer les draps par le sac de couchage, mais l'entrée et la sortie obligent à une gymnastique assez compliquée pour ne pas renverser son lit.

Une moustiquaire est de rigueur, notamment pour se protéger des mouches pendant la sieste; on pourra se la procurer sur place. Mais le lit doit être d'un modèle permettant son installation.

On n'utilisera tous ces moyens de couchage qu'en station ou au repos. En colonne, et surtout en présence de l'ennemi, il est préférable de coucher habillé et chaussé. L'officier, qui se calfeutre dans sa tente le soir et n'en sort qu'au réveil, est vite connu de ses hommes : le service de nuit est mal fait dans son unité; notamment, on laisse vaguer chevaux, mulets, chameaux. Personne ne dort. D'où grandes fatigues et rapide épuisement. Une sévère discipline de nuit est de première obligation; il y faut l'œil du maître.

Il est nécessaire d'avoir un photophore dans sa cantine, ce qui n'exclut pas la lampe électrique et la montre lumineuse.

Une table pliante, légère, facile à plier et à empaqueter, facile à réparer, et un siège constituent le campement. Le siège peut être pliant, à dossier autant que possible. Le fauteuil pliant réglementaire à l'armée des Indes est excellent, mais il est assez cher. On y trouve un repos confortable, qui ne fait pas regretter la dépense.

Comme ustensiles de toilette, la cuvette en toile avec trépied genre bambou, le tub en toile, sont ce qu'il y a de mieux. On pourra utiliser souvent les ustensiles de campement collectifs (gamelle et bidon), qui sont également pratiques.

Le matériel de popote comprend une cantine réglementaire de matériel et, si les moyens de transport le permettent, une ou plusieurs cantines à vivres. Les unités peuvent généralement toucher ce matériel à titre remboursable. Mais, en dehors des ustensiles communs, chaque officier doit avoir dans sa cantine son couvert, une serviette, une timbale ou un quart, de manière à pouvoir facilement être invité à une table voisine, s'il se trouve isolé pour une cause quelconque.

### C) Harnachement.

Le harnachement est celui de France; mais il ne faut pas oublier que les chevaux, en Afrique comme au Levant, sont souvent de petite taille; il faut donc qu'il puisse s'ajuster (brides et sangles). Généralement, les chevaux d'officier sont attachés isolément, par un des pieds de devant, à un piquet de fer ou en bois cerclé de fer et enfoncé dans le sol à refus. Ces installations, très usuelles, se trouvent sur place. Naturellement, le harnachement devra être renfermé dans une caisse solide à cause des débarquements en rade. On pourra souvent trouver à acheter tous ces matériels auprès des officiers rapatriés. Mais c'est un risque à courir, et il vaut mieux partir de France complètement équipé pour ne pas se trouver dépourvu, notamment en cas de brusque départ en colonne au moment de l'arrivée.

Au total, tout cet ensemble doit faire 200 kilogrammes au grand maximum (tente, 25 kilogrammes; literie, 10 kilogrammes; caisse de harnachement, 50 kilogrammes; trois cantines, 75 kilogrammes).

Enfin, il est un certain nombre de détails intéressants à assurer avant son départ. C'est ainsi qu'il est tout indiqué de se munir d'un appareil photographique : prendre un modèle usuel, à pellicule, de poids léger.

Une cantine de bon voyageur doit contenir un peu de tout, car souvent on ne doit compter que sur soi-même : depuis le chocolat, le sucre, le cube de bouillon, la bougie, le briquet, jusqu'à un marteau, des tenailles, des clous, de la ficelle, une trousse à coudre (aiguille, fils, ciseaux, épingles, boutons) et une pharmacie sans prétention, mais qui servira souvent (quinine, iode, vaseline), et surtout poudre de pyrèthre.

Enfin, quelques livres : grammaire et petit dictionnaire de la langue du pays où l'on va, guide géographique, livres d'histoire locale; dans toutes ces régions, aussi bien l'Afrique du Nord que le Levant, tout le monde qui pense est amené à l'archéologie; les pierres vous crient l'histoire, il ne faut pas passer au milieu d'elles sans chercher à les comprendre; quelques ouvrages sur la colonisation ou le commerce; il ne faut pas vivre confiné dans son métier. Enfin, il faut s'abonner à quelques journaux ou revues. Et il ne restera plus qu'à donner son adresse à ses amis et connaissances, pour ne pas subir le supplice, à l'arrivée, de ne rien avoir au courrier. En Angleterre, les officiers font partie de différents clubs, où leur correspondance leur parvient : un simple télégramme à leur club suffit à tout leur faire arriver; en France, on a essayé ces temps-ci le système du numéro postal qui aurait des avantages analogues. Mais, pour le moment, vous en serez réduit au mode de la lettre individuelle à chacun de vos correspondants : bien que ce soit fastidieux de répéter indéfiniment les mêmes phrases, n'hésitez pas à répandre votre adresse; les cartes postales illustrées qui attirent l'attention sont tout indiquées et vous serez sauvé de la tristesse du courrier qui n'apporte rien pour vous. Et puis vous avez quelque satisfaction à faire connaître que vous devenez globe-trotter.

### II. — Désignation. Formalités administratives.

Les désignations pour les théâtres d'opérations extérieurs sont faites, pour les officiers, par le Ministre de la guerre, dans l'ordre inverse de l'ancienneté. Cette règle s'applique également aux officiers à titre temporaire, qu'ils soient pourvus ou non d'un grade à titre définitif. (Voir instructions du 2 mars 1921, *Journal officiel* du 6 mars 1921, page 2924; du 4 mars 1921, *Journal officiel* du 8 mars 1921, page 2972; du 3 avril 1921.) Il est nécessaire de se tenir au courant, les prescriptions étant modifiées naturellement avec les changements de situation. Les officiers volontaires peuvent choisir le théâtre d'opérations extérieur où ils désirent être envoyés, dans la mesure des possibilités. La liste des officiers désignés est publiée au *Journal officiel*, le 1er de chaque mois, pour les trois mois qui suivent. Un délai de trois semaines est accordé pour faire valoir les motifs d'exclusion ou de sursis.

A partir du 1er du mois suivant, le *Journal officiel* publie les affectations; cette publication sert de lettre d'avis pour l'officier intéressé.

Celui-ci doit bénéficier de la permission spéciale de départ.

Son chef de corps ou de service lui fixe la date à laquelle il pourra être convoqué au port désigné pour son embarquement (Marseille pour le Levant, le corps d'occupation de Constantinople; Oudjda, Bou-Denib, quelquefois Port-Vendres; Bordeaux pour le reste du Maroc). Cette date est environ quarante jours après celle de la publication à l'*Officiel*. Le chef de corps ou de service avise l'officier intéressé de la date exacte à laquelle il sera effectivement embarqué (1).

*L'officier doit rejoindre directement le port d'embarquement la veille du jour fixé, et se présenter de suite au chef du service des transports, qui lui donne toutes indications complémentaires.*

Les frais de séjour ou billets de logement ne sont dus que depuis la veille du jour fixé pour l'embarquement.

D'autre part, les officiers à embarquer peuvent être utilisés pour l'encadrement des détachements de renfort : ils reçoivent à cet effet les ordres du chef du service des transports, qui peut les convoquer, à une date plus avancée, dans les centres de rassemblement des détachements.

Si un cas de force majeure se produit, l'officier doit en aviser directement le chef du service des transports, qui est chargé de régulariser sa situation.

Les officiers de l'Afrique du Nord s'embarquent à Bizerte pour le Levant et l'Orient; à Oran, pour le Maroc. Dans ce cas, c'est le sous-intendant militaire de ces ports qui remplit les fonctions de chef du service des transports. Ces dispositions ont paru au *Bulletin officiel* n° 5 du 31 janvier 1921, page 287 (modifiées le 25 février 1921, n° 10, du 7 mars 1921, page

---

(1) Aux termes de la circulaire 654 1/11 du 17 janvier 1921, les chefs de corps ou de service doivent prévenir, dès l'avis d'affectation de l'officier intéressé à l'*Officiel*, le chef du service des transports du port d'embarquement de la date à laquelle ledit officier se tiendra prêt à s'embarquer.

En outre, cet officier est tenu de faire connaître directement au chef du service des transports, quinze jours au moins avant la date fixée par son chef de corps pour se tenir prêt à être convoqué, l'adresse exacte à laquelle pourra lui être adressée la convocation pour son embarquement.

Au plus tard, huit jours avant le départ du bateau, le service des transports avise l'intéressé de la date à laquelle il sera effectivement embarqué.

767). Il y a lieu, d'ailleurs, de se renseigner au moment de la désignation, car des modifications à ces prescriptions sont toujours possibles.

Les désignations pour les théâtres d'opérations extérieurs donnent droit aux frais de déplacement pour changement de résidence. Elles figurent, d'ailleurs, à l'*Officiel*, avec la mention « service » (*Bulletin officiel*, 3ᵉ trimestre 1920, page 2113).

Le régime spécial des soldes attribuées aux troupes d'opérations du Maroc est fixé par le décret du 30 octobre 1919 (*Bulletin officiel*, 4ᵉ trimestre 1919, page 3257).

La circulaire ministérielle n° 025 4/5, du 4 avril 1921, spécifie que tout militaire désigné pour un théâtre d'opérations extérieur, doit être payé par son corps ou par le fonctionnaire de l'intendance qui ordonnance sa solde, de l'indemnité d'entrée en campagne à laquelle il a droit du jour de la publication au *Journal officiel* de son affectation à un théâtre d'opérations extérieur (1).

### III. — Embarquement. Voyage en mer (2).

Votre chef de corps ou de service vous a mis en route sur votre port d'embarquement; réglementairement, vous ne devez y arriver que la veille de la date

---

(1) Aux termes de la circulaire n° 113 4/5 du 9 octobre 1920, les militaires changeant de garnison pour le service sont autorisés à demander une avance de solde jusqu'à concurrence de quinze jours de solde de présence, y compris, pour les officiers, l'indemnité temporaire et l'indemnité pour charges militaires, et, pour les sous-officiers, le supplément temporaire de solde, l'indemnité pour charges militaires et, s'il y a lieu, la haute paye et le supplément de haute paye.

(2) Voir la circulaire du 3 juin 1921 portant modification à l'instruction du 23 février 1921 relative aux dispositions administratives pour les transports maritimes des militaires entre la métropole, l'Algérie, la Tunisie et le Maroc (*B. O.* n° 25, page 1953).

fixée. N'attendez pas, cependant, la dernière heure
pour arriver. Un débutant met bien vingt-quatre heures au moins à se retourner au milieu de toutes les
formalités à accomplir dans des bureaux divers dissé-
minés largement, ouverts ou fermés à des heures différentes. Méfiez-vous des jours fériés, de la semaine
anglaise.

A l'arrivée au port d'embarquement, vous avez
droit aux frais de séjour ou au billet de logement pour
une journée. En général, le billet de logement est
peu pratiqué, car les gîtes offerts sont trop loin bien
souvent. Mais, en cas de longs retards, de grèves,
si l'attente se prolonge huit, quinze jours, ou plus, il
peut être avantageux d'y recourir.

L'officier peut être embarqué sur un paquebot ordinaire, sur un affrété ou sur un bâtiment de l'Etat.

L'embarquement sur le paquebot ordinaire est le
cas normal. L'officier se rend au service des transports, où on lui délivre une « réquisition » et où l'on
timbre sa feuille de route. Muni de la réquisition, qui
indique la Compagnie de navigation et le bateau
prévu pour le départ, l'officier se rend au bureau de
la Compagnie, où on lui remet son billet de passage,
qui, dans ce cas, est gratuit.

Il faut se renseigner, à ce moment, sur l'heure du
départ du bateau, les heures d'embarquement des bagages et des passagers. Les bateaux sont généralement amarrés loin de la ville; pour un premier voyage
ce sera une bonne précaution d'aller reconnaître la
place exacte du bateau; on pourra en profiter pour
le visiter; on fera de la sorte connaissance avec le
maître d'hôtel du bord, personnage important, qui
dispose toujours de quelques cabines ou couchettes,
même sur les bateaux en apparence les plus encom-

brés. On fera bien de louer, à ce moment, un fauteuil pliant, si nécessaire pour la traversée.

Les bagages doivent porter des étiquettes très lisibles, donnant le nom de l'officier, sa destination; il est bon de les numéroter et d'avoir la liste du contenu de chacun pour la visite de la douane à l'arrivée. On divise ses bagages en trois catégories, pour les voyages de durée (Maroc, Levant, Constantinople) : bagages de cabine; bagages de prévoyance; bagages de cale.

Des étiquettes portant ces indications (on en trouve aux Compagnies de navigation) doivent être collées sur chaque colis. Les noms indiquent assez clairement que les bagages de cale iront au fond du bateau; on ne les reverra qu'à la douane à l'arrivée; les bagages de prévoyance, si on juge utile d'en avoir, sont placés dans une cale spéciale où l'on a facilement accès pendant le voyage, à certaines heures, et les bagages de cabine sont placés dans votre cabine. Naturellement, ces derniers doivent être réduits, car la place est mesurée. Et il sera bon de ne les apporter sur le bateau qu'au moment de s'embarquer, de veiller soi-même à leur placement; faute de quoi ils risquent de passer eux aussi à fond de cale, où ce serait toute une affaire de les retrouver rapidement. Garder avec soi jumelles et appareils photographiques : on sera heureux de les avoir (1).

---

(1) Les poids maxima de bagages alloués aux militaires dirigés sur les théâtres extérieurs sont la moitié de ceux de France indiqués au tableau A, page 68, *Bulletin officiel*, volume 1005, c'est-à-dire les suivants :

|  | Chefs de famille. | Célibataires. |
|---|---|---|
| Généraux. . . . . . . . . . . . . . . | 4.000 kgr. | 2.000 kgr. |
| Officiers supérieurs. . . . . . | 2.500 — | 1.000 - - |
| Officiers subalternes. . . . . . | 2.000 — | 750 — |
| Adjudants. . . . . . . . . . . . . . | 1.000 — | 200 — |
| Autres sous-officiers. . . . . . | 1.000 — | 100 — |
| Caporaux et soldats. . . . . . . . | 750 — | |

Pour les petites traversées (Algérie, Tunisie), il n'est pas prévu de bagages de prévoyance.

Pour le transport des bagages de la gare au bateau, le mieux, dès qu'on est muni de son billet de passage, est de s'adresser à une agence, qui vous déchargera de tout souci et vous remettra votre billet de bagage au moment où vous vous embarquerez. Mais faites vos prix d'avance : c'est prudent.

Quelques hôtels ont des omnibus ou des autos qui vont au bateau et vous feront également le transport de vos bagages; mais vous serez obligé d'assister à l'opération, et cela vous coûtera aussi cher.

Au bout d'une heure ou deux de présence sur le bateau, vous serez au courant de toutes les dispositions et habitudes en mer; si vous n'avez pas le pied marin, et si la mer est forte, n'hésitez pas à aller vous coucher sans fausse honte. Mais si le temps est beau, la salle à manger se remplit; n'oubliez pas que, sur les grands bateaux, le dîner est une occasion de toilette; c'est une question de tenue à laquelle il faut se plier sur tous les bateaux étrangers et sur les grands bateaux des Messageries Maritimes et de la Transatlantique, quoique avec moins de rigueur.

Le bâtiment affrété est un bateau de commerce, loué et exploité par l'Etat. C'est donc le service des transports qui vous embarquera, suivant une liste qu'il a établie.

La vie, à bord des affrétés, est la même qu'à bord des paquebots ordinaires. Mais il n'y a que des passagers de l'Etat.

Le bâtiment de l'Etat peut être un transport, bateau-hôpital, ou bâtiment de guerre. Dans les deux premiers cas, tout est réglé militairement : logement, lieux de promenade, repas. Vous mangerez à la table (on dit « le carré ») des officiers de marine de votre grade. Si, au contraire, il s'agit d'un bateau de guerre, et que vous soyez quelques passagers, votre installation sera de fortune : Vous connaîtrez la « chambre de toile » constituée par une cloison de toile dans une batterie; mais le bon accueil plein d'entrain que vous recevrez vous fera trouver l'installation charmante. Seulement, ne vous mettez pas en contradiction avec les règles du bord; on ne ferait pas d'observation, mais il en resterait une impression plus ou moins fâcheuse. Notamment, n'oubliez pas qu'on sort les couleurs à 8 heures, qu'on les rentre au coucher du soleil; cette habitude du salut au drapeau, vous la retrouverez dans tous les petits-postes lointains où vous irez. Vous choqueriez très fort si vous ne l'aviez pas dès l'embarquement : il faut y penser.

Sur quelque bateau que ce soit, l'officier le plus élevé en grade ou le plus ancien est « commandant d'armes ». A ce titre, il est l'intermédiaire entre le commandant du bord — aux demandes duquel il doit déférer — et les passagers militaires. Il peut employer les officiers embarqués, notamment pour la police des hommes de troupe qui sont à bord. Au moment du départ, un officier ou un sous-officier de la place lui apporte la liste des officiers et hommes embarqués. Il aura à la remettre à l'arrivée, et à diriger le débarquement des hommes.

Il est nécessaire d'avoir à bord quelques livres : les journées y sont longues. Et c'est un sujet d'observation qui permet de présumer le caractère de ses compagnons de route, que de voir ce que chacun lit.

Avant de s'embarquer, si on va au Levant, il faut se procurer chez un changeur de la monnaie du pays, pour éviter d'être trop exploité à l'arrivée : livre égyptienne pour l'Egypte et la Palestine, livre syrienne pour le Levant, livre turque (papier) pour la Cilicie et Constantinople.

Il faudra se familiariser d'avance avec ces monnaies. Au Maroc, le franc est accepté partout; en Algérie et Tunisie, la monnaie est la même qu'en France, mais les billets qui ont cours sont ceux de la Banque d'Algérie.

Il y a là tout un petit apprentissage auquel il faut penser.

### IV. — Débarquement. Arrivée.

A l'arrivée, les bagages sont portés à la douane, par les soins de la Compagnie de navigation, dans les ports importants; à la diligence des voyageurs, dans les petites escales.

Dès l'abord, le premier souci doit être de se trouver un abri; la crise des logements étant mondiale, c'est une opération qui peut être de durée; pendant qu'on s'y consacre, il ne faut pas abandonner ses bagages : c'est un moment délicat pour eux. C'est ici que l'association apparaît bien nécessaire. Quelquefois, des mesures auront été prises pour assurer le logement des officiers qui arrivent; dans ce cas, le commandant d'armes du bord pourra en être avisé par le sous-officier ou l'officier qui vient chercher le détachement des hommes de troupe embarqués.

Entre temps, il faudra aller au service des transports et à la sous-intendance militaire, faire viser sa feuille de déplacement. Ce visa est important, car il fixe le droit aux indemnités locales, et marque le commencement du séjour réglementaire. Puis, il faudra se présenter au bureau de la place, où l'on recevra des ordres ou des renseignements pour l'affectation définitive, et la destination qui sera la fin du voyage.

Il faut tâcher de se procurer une carte du poste où l'on va; de se renseigner auprès des camarades qui peuvent en venir. Dès que l'on connaît son affectation, il faut aviser son détachement le plus vite qu'on pourra, en indiquant avec toute la précision possible comment on arrivera et quand. Il faut éviter de tomber à l'improviste, de manière que les camarades qui, en général, sont tout disposés à le faire, puissent vous éviter les petites difficultés de la route et de l'arrivée.

Comptez avec l'imprévu : ayez toujours un repas froid; ne vous séparez jamais de vos bagages. Ces deux prescriptions sont d'importance primordiale.

Et armez-vous de patience, vous en aurez besoin.

### V. — Familles.

Les officiers ne peuvent faire venir leurs familles qu'à la condition expresse d'y avoir été autorisés par les généraux commandant en chef (Constantinople et Levant) ou le résident général au Maroc (circulaire du 23 juillet 1919, *Bulletin officiel* 1919, 3ᵉ trimestre page 2211).

La demande est adressée par le chef de corps ou de service, par télégramme, directement au Ministre (direction d'arme) ou au général commandant en chef sur le théâtre d'opérations extérieur; mais, dans ce dernier cas, aux frais de l'officier.

L'autorisation parvient par le chef de corps ou de service. L'officier, ou sa famille, s'il est déjà parti, s'adressera directement au chef du service des transports militaires du port d'embarquement (office des passagers), pour retenir les places nécessaires. Sur production de l'autorisation et des pièces d'identité prévues (instruction du 24 avril 1898, *Bulletin officiel* volume 102, page 89), les familles seront embarquées.

En aucun cas, le départ de l'officier ne doit être retardé par l'attente de cette autorisation. Il est bon d'ailleurs, si la réponse n'arrivait pas, de renouveler la demande.

Les familles ont droit aux réductions sur les voies ferrées, par demande aux Compagnies de chemins de fer intéressées, dans les mêmes conditions que pour les déplacements en France. La circulaire du 23 février 1920 (*Bulletin officiel* du 7 mars 1921, n° 10, page 753) spécifie que le droit à la gratuité est maintenu pendant six mois aux familles des militaires changeant de résidence, en ce qui concerne le départ ou retour en Algérie, Tunisie et Maroc. Il n'est rien spécifié pour Constantinople et le Levant. La famille a le même droit au voyage gratuit pour le retour, lorsque l'officier est rapatrié. Il est parfois possible également de s'embarquer, pour revenir, sur un bateau-hôpital où il y a toujours des places disponibles. C'est affaire d'occasion.

Que faut-il emporter comme mobilier? La question est délicate à résoudre, car des goûts et des couleurs... Pourtant, encore une fois, il faut se borner au strict nécessaire. On trouvera peu à peu à compléter sur place, surtout en rachetant aux familles d'officiers rapatriés. Et on complétera avec du mobilier local, ce qui aura l'avantage de donner un cachet particulier à l'intérieur improvisé. Il faut bien penser que ces voyages sont une dure épreuve pour les pauvres meubles. Un emballage solide, en caisses résistantes, est nécessaire. Mais ne pas dépasser les poids maniables facilement à bras d'homme (70 à 80 kilogrammes au maximum).

Il faut encore distinguer suivant l'âge et le nombre des personnes qui composent la famille.

J'ai vu beaucoup de jeunes ménages arriver uniquement avec quelques malles, et trouver très rapidement à se meubler suffisamment.

Cependant, je répète qu'il faut se donner le confort suffisant : une bonne installation pour dormir (moustiques et chaleur en été, froid en hiver), une table qui plaise et réveille l'appétit souvent engourdi par la chaleur. Il semble donc convenable d'emporter draps et couvertures, un peu d'argenterie, ou mieux de ruolz, ou de métal blanc. Car l'habitude du larcin est très répandue en Orient. Un détail qui a son importance, si l'on tient au café européen, emporter filtre et moulin à café, autrement il faudra s'habituer au café arabe, pilé et non passé.

Au point de vue du poids total à emporter, on peut noter que les Compagnies de navigation ne sont pas généralement très strictes sur les limites imposées; tout au plus risque-t-on de payer un supplément. Les affrétés ont toujours de la place vide tant qu'on en veut. On n'aura donc jamais de difficultés insurmontables pour les voyages maritimes. Mais, au débarquement, il en va tout autrement. Avec du temps, de l'argent et du savoir-faire, on arrive à tout arranger. Mais on y risque beaucoup de difficultés pour peu de résultats. Il ne faut pas perdre de vue que les anciens observent malicieusement les débuts des arrivants, et que la première impression produite est d'une importance particulière pour l'avenir. Le mieux est de se préparer à vivre sur le pays, avec ce qu'il peut offrir de ressources.

## VI. — Divers.

### A. — Passeport.

Les officiers ou leurs familles partant pour l'Orient auront occasion de s'arrêter en Egypte ou en Grèce. Ce sont des chances qu'il ne faut pas perdre. Il est nécessaire, pour pouvoir en profiter, d'avoir fait établir ses passeports avant le départ. Cette formalité est absolument nécessaire pour les possessions anglaises.

Ces passeports devront avoir été visés par un consulat de la puissance dont il s'agit (Italie, Grèce, Grande-Bretagne, etc...). On fera bien, d'ailleurs, d'avoir toujours sur soi une ou deux photographies, genre carte d'identité, pour pouvoir les coller de suite sur telle carte d'identité dont on aurait besoin en cours de route.

### B. — Impôts.

Se basant sur la question n° 2233 posée par M. Bouisson, député, au Ministre des finances (*Journal officiel* du 28 mai 1920, page 1673), les contrôleurs des contributions directes réclament l'impôt sur le revenu aux officiers rentrant du Levant ou de Constantinople.

Ils réclament en même temps l'impôt sur les salaires.

Cette question n'est pas encore absolument élucidée; mais il est vraisemblable que les prétentions des finances seront approuvées définitivement.

Les officiers résidant en territoire turc occupé, non soumis aux impositions locales, doivent donc prévoir le payement de ces impôts; leur déclaration, pour l'année précédente, doit être faite avant le 31 mars, comme pour les contribuables métropolitains, faute de quoi ils s'exposent à des pénalités financières.

Ces lois ne sont pas applicables, au contraire, dans les pays de protectorat ou les colonies, où l'officier est soumis aux lois fiscales locales.

## DEUXIÈME PARTIE.

Le débarquement est heureusement opéré; des bagages, rien ne manque, rien n'est cassé et l'officier vient de recevoir son ordre d'affectation. Dans cette deuxième partie, nous nous proposons de donner quelques indications relatives aux questions qui se posent à lui pour rejoindre son poste; nous examinerons ensuite la conduite à tenir vis-à-vis de la troupe et des populations, ce qui nécessitera quelques notions ethniques succinctes et un examen rapide des religions diverses; nous ferons suivre ces notions de renseignements sur la vie à mener et sur le séjour des familles et, enfin, nous terminerons par quelques considérations générales en forme de conclusions.

### I. — Rejoindre son poste.

Dans ces pays où les changements de personnels sont fréquents, on est réduit souvent à baser ses jugements sur des impressions rapides et incomplètes. Les débuts de l'officier arrivant à son corps ont donc une importance particulière. Il y faut du doigté, savoir se taire, observer, écouter; il faut aussi savoir questionner et savoir choisir ceux auprès desquels on se renseigne.

D'abord, avisez par téléphone, télégramme, poste, votre futur chef de votre arrivée, il vous attend avec impatience, car il y a presque toujours un battement entre le départ de votre prédécesseur et le moment où vous prendrez votre service. A vous savoir enfin sur le point d'arriver, on prendra mieux patience.

Puis, il ne faut pas risquer de tomber sans être

attendu au milieu de gens occupés, souvent bousculés par les opérations en cours. Votre installation soulèvera bien des petits problèmes parfois épineux à résoudre, donnez le temps de la préparer.

Il vous faut ensuite vous renseigner sur le voyage à faire. Tâchez de rencontrer quelqu'un qui arrive récemment de votre futur poste. Procurez-vous des cartes; familiarisez-vous avec les noms, les distances, les tribus; souvent, c'est auprès d'un modeste « tringlot » ou d'un simple convoyeur que vous trouverez les précisions les plus complètes sur les petits côtés de la route. Dans cette préparation, deux choses importent : les repas, le coucher.

Au cours de ces investigations à la base de débarquement, ayez soin de repérer des camarades dans chaque service; ces relations personnelles faciliteront, pour vous, bien des choses quand vous serez à l'intérieur. De connaître seulement le bâtiment de tel service, d'avoir notion des figures de ceux qui y travaillent vous permettra de résoudre bien des petites difficultés privées ou de service qui resteraient pour vous insolubles si vous étiez isolé dans le « bled ». Ce sera aussi une occasion de vous orienter, car vous entendrez énoncer les opinions en cours sur les personnes ou les questions d'actualité : là surtout, écoutez, enregistrez et gardez votre libre arbitre.

Il faut notamment que vous trouviez un moyen de faire recevoir et réexpédier les colis que vous pourrez recevoir de France pendant votre séjour. Ce service est généralement organisé militairement, mais il y a souvent des flottements; il faut savoir à qui vous adresser dans ces occasions et il faut avoir vu, avoir pris langue. Parfois, vous aurez avantage à vous entendre avec une firme civile; c'est à voir sur place.

Mersine.

Environs d'Alexandrette : Le camp Salles, au fond la ville d'Alexandrette

NOTA. — Les photographies insérées à l'appui de la présente étude ont été établies en majeure partie par les services photographique et aéronautique de l'armée du Levant.

Toutes ces dispositions prises, vous êtes mis en route. Après les multiples démarches de l'arrivée, ce sera pour vous un repos, presque une délivrance.

N'oubliez pas que les incidents de route sont fréquents, les retards constants; ayez toujours sur vous de quoi faire un repas. Il suffira, la plupart du temps, d'un peu de pain; quelques morceaux de sucre ou de chocolat, une bouteille d'eau.

Pendant la route, ne perdez pas de vue vos bagages. Eludez sans hésitation toute proposition de vous en séparer : c'est là une imprudence qui peut vous causer les plus graves difficultés pour le reste de votre séjour.

En cours de route, chaque fois que vous en aurez la possibilité, donnez de vos nouvelles au chef de détachement qui vous attend.

A l'arrivée, vous trouverez généralement que vos camarades ont préparé pour vous un gîte de leur mieux; montrez-en de la reconnaissance, car, vous vous en rendrez compte plus tard, l'hospitalité dans le bled est une charge qui ne va pas sans peine; mais vous paierez votre écot en apportant dans ce petit coin isolé, comme un coup de brise fraîche, les nouvelles du dehors. Tout en cherchant à être agréable en donnant beaucoup, évitez d'être prodigue; que l'amabilité avec laquelle on vous écoute — j'allais dire l'avidité — ne vous grise pas.

Nous ne sommes plus à l'époque où l'officier faisait sa carrière dans le coin qu'il avait choisi; les mutations sont continuelles. Ne croyez pas que la vôtre soit un événement historique : c'est seulement un incident quasi-quotidien. Ce système ne va pas sans compliquer le commandement, qui ne trouve plus l'expérience avertie des vieux routiers spécialisés d'antan et qui doit, chaque jour, rebâtir ses cadres et répartir leur emploi. Il faut que les nouveaux venus, par leur bonne volonté, leur esprit d'étude, compensent ces qualités d'expérience qui n'allaient pas, d'ailleurs, sans inconvénient. Donnez dès la première heure, à vos chefs et à vos camarades, l'impression que vous êtes de ceux sur lesquels on peut compter.

Si quelque chose vous déplaît ou ne vous paraît pas logique, examinez longuement avant de critiquer. Souvent, il y a, à ce défaut que vous croyez découvrir, une raison qui vous reste cachée et vous vous apercevrez avec le temps que c'était votre jugement qui était défectueux.

## II. — Conduite à tenir vis-à-vis de la troupe et des populations.

La patrie a confié à l'officier qu'elle envoie loin d'elle un morceau de son drapeau à faire respecter et aimer. Les erreurs qu'il commettrait seraient imputées, non à lui seul, mais à la collectivité entière; elles sont donc particulièrement graves.

Nulle part, il ne s'agit de se poser en conquérant, en race supérieure et, à plus forte raison, en soudard. Il s'agit, au contraire, de faire aimer notre pays en vue, non d'une brève action de guerre, mais d'un long travail pacifique d'opinion, de relations commerciales et industrielles, de développement de notre langue et de notre mentalité. Dans cette œuvre, le militaire n'est qu'un moyen, presque toujours indispensable, mais non unique.

Certes, la France a clairement montré ces dernières années la supériorité de ses conceptions coloniales sur celles des autres nations, puisqu'elle a pu instaurer en pleine guerre la conscription en Algérie, lever des régiments en 1914 dans le Maroc, encore frémissant en 1913, sans parler des troupes noires de notre Afrique occidentale.

Les ressources trouvées par l'Angleterre dans son immense empire colonial ont été bien moins considérables; elle n'a rien tiré de l'Ouganda, par exemple, qui aurait dû donner bien plus que notre Afrique occidentale.

Mais il serait vain de nier que, si nous faisons moins mal ou mieux, il nous reste encore de grands progrès à réaliser.

Il faut, avant tout, se garder de tout schéma, de toute routine. La variété des organisations sociales et des races, les différences profondes de nos droits d'occupation ou de présence entraînent nécessairement de notre part des attitudes et des actions différentes et qui exigent de la souplesse de jugement, de travail, d'application. Mais il est, cependant, un certain nombre de principes fondamentaux qui peuvent s'appliquer partout et que nous rencontrerons au cours de cette esquisse, car l'art de conduire les hommes est un dans tous les temps et dans tous les pays, malgré les différences apparentes des races humaines, couleurs, langues, religions.

a) Conduite vis-à-vis de la troupe.

La vie militaire proprement dite est très ressemblante à celle qu'on mène en France, mais avec moins de monotonie et une plus grande camaraderie, celle-ci amenée naturellement par l'obligation de vivre dans un cercle restreint, en ayant constamment recours les uns aux autres.

Dans cette existence un peu repliée et confinée, deux ennemis sont à craindre :

L'*alcool*, qui, encore très habituel il y a une tren-

Tripoli.

Tripoli.

taine d'années, est devenu heureusement assez rare,
tant par la diffusion des notions d'hygiène que par
la culture des sports;

Le *cafard*, pour employer le mot d'argot bien
connu, qui est une sorte de neurasthénie, accompa-
gnée souvent de mal du pays et amenée toujours par
l'inaction physique et intellectuelle ou l'excès de fatigue, quelle qu'en soit l'origine.

Les antidotes sont la vie active et l'étude.

Au point de vue particulier qui nous occupe dans
ce paragraphe, il faut s'attacher à sa troupe, à son
service. On vit avec ses hommes beaucoup plus qu'en
France; étant moins ligoté par l'enchevêtrement administratif que dans la métropole, vivant dans un
milieu où l'initiative est plus usuelle et mieux considérée, l'officier a sur la situation morale et matérielle
de sa troupe beaucoup plus d'action efficace. Les
courriers sont aussi rares, aussi tardifs pour le soldat
de 2e classe que pour son officier, et il n'a pas, lui,
pour se soutenir, des espérances de carrière; c'est
encore souvent presque un enfant; il faut donc l'aider,
être au courant des siens, de sa famille, lui organiser
une existence aussi peu inconfortable que possible
avec toutes les petites satisfactions quotidiennes qu'on
doit s'ingénier à lui trouver. Il y faut souvent des choses bien minimes. Je me souviens que le 14 juillet 1895,
à Tsarasoatra, à l'occasion de la fête nationale, les
officiers du détachement d'avant-garde reçurent 30
grammes de lentilles au lieu de 30 grammes de hari-
cots administratifs qu'ils avaient depuis des mois,
chaque jour, avec la perspective de continuer encore
longtemps; cette simple substitution causa chez les
bénéficiaires une vraie joie, et une déception visible-
ment manifestée parmi la troupe qui n'en profitait pas.

Cet exemple montre quelle action peut avoir un chef avec des moyens très limités.

Donc, soignez vos hommes; qu'ils se sentent entourés de votre sollicitude; pas plus qu'en France ils ne se laisseront prendre à de belles paroles, mais ils vous connaîtront vite à vos actes. On n'est jamais bien connu que de ses subordonnés.

Sous la tente, tout ce qu'on dit s'entend. Les débutants rentrés dans leur home de toile y expriment toutes leurs pensées avec une sérénité complète. Vous vous souvenez peut-être que le général Scherer, à l'armée d'Italie, parcourait ses camps, écoutait les conversations des troupiers que lui livrait l'indiscrétion de la tente. C'est un bon moyen de tâter le pouls de l'opinion, et le troupier, de quelque race qu'il soit, dit souvent des choses très justes. Mais si vous profitez de cette circonstance, n'en faites pas profiter les autres.

J'ai eu à Fez, comme collaborateur, un très brillant officier qui a mis très longtemps à s'apercevoir que la toile de tente n'est pas un mur de pierre de taille et qui commentait, avec une verve souvent brillante, les ordres que je le chargeais de transmettre. Ceci pour vous dire qu'il faut savoir ne pas paraître tout entendre, ce qui déterminerait de la gêne, de la méfiance chez vos subordonnés; mais faites votre profit de ce que vous apprendrez, dans l'intérêt de la bonne marche du service; toutefois, bornez-vous aux occasions d'entendre sans les rechercher.

Ceci m'amène à vous recommander d'organiser une bonne discipline du silence pendant la nuit et pendant la sieste. Les gradés doivent parler bas, les gardes d'écuries n'interpeller leurs animaux qu'à voix basse; interdiction absolue de tout cri. C'est avec ces prescriptions seules que vous aurez une troupe qui dorme et, par conséquent, qui dure. Donnez l'exemple de l'observation de ces consignes.

On vous dira qu'il est impossible d'obtenir ce silence des heures de sommeil; c'est très facile, au contraire. Un peu de propagande préparatoire, quelques répressions judicieuses et le pli sera pris; tout le monde s'en réjouira, vous en sera reconnaissant; on pourra dormir sans être arrivé à la limite de la fatigue. De votre personne, vous devez, la nuit, faire des rondes à des heures irrégulières, quand vous vous réveillerez; il faut que les sentinelles, les postes vous voient, la nuit, hors de votre tente; ça se dit; le service en est plus strict. Avec un peu de volonté et d'entraînement, on se réveille à l'heure qu'on veut, ce qui évite de prévenir un ordonnance ou un planton qui, lui-même, le dit, enlevant ainsi tout caractère d'imprévu à votre ronde et lui faisant perdre la grande partie de sa valeur.

Si vous êtes appelé à servir dans une troupe indigène, persuadez-vous bien, en y prenant votre service, que tous les soldats se ressemblent, sont de même sorte : ils aiment le bon chef qui a pour eux cette attention soutenue et ces égards que prescrivait un ancien règlement sur le service intérieur pour ceux qui « procurent votre gloire »; mais si vous ne pouvez pas vous habituer à la troupe indigène, n'hésitez pas à le dire et à demander à la quitter; l'officier qui y reste à contre-cœur fait de la mauvaise besogne, au détriment de notre action. Il crée de mauvais souvenirs qui resteront.

Vous entendrez parfois médire de telle ou telle troupe, ne faites pas chorus. Tous les corps qui sont hors de France sont nécessaires, jouent leur rôle; chacun peut avoir ses faiblesses ou ses inconvénients, mais tous sont utiles. Il est bon que le soldat ait l'esprit de corps, dans le bon sens du mot; il est déplorable que l'officier l'incite à exagérer cette qualité jusqu'à en faire un vice nuisible à la discipline et à la bonne marche du service; d'ailleurs, tant vaut le chef, tant vaut la troupe. Examinez le défaut qu'on critique : vous trouverez toujours, à l'origine, une lacune d'organisation ou de direction. Appliquez-vous, dans votre sphère, à combler celles que vous trouverez certainement, car le champ est sans limite.

Un des écueils les plus communs de la vie hors de France résulte des conversations inconsidérées tenues à table en présence de serveurs, d'ordonnances de toutes races qui les recueillent et les répètent en les déformant ou les amplifiant. Un vieil adage militaire interdit toute parole de service à table; c'est la sagesse même. Le paradoxe brillant apporte souvent une heureuse diversion à la monotonie de la table, mais il aurait une mauvaise influence s'il abordait des questions locales brûlantes. L'officier n'est pas astreint qu'à la discipline de la manœuvre, il doit aussi observer une discipline morale de tous les instants dans sa tenue et ses propos. Il faut le répéter : il représente une part de l'influence française. Donc, surveillez vos propos sévèrement; quand vous entendrez dénigrer, n'appuyez pas; si vous avez acquis assez d'influence morale et d'expérience, enrayez ou arrêtez avec toute la modération possible, mais avec décision.

Vous constaterez d'ailleurs bien vite que les jugements péremptoires émanent de nouveaux venus ou d'anciens qui seront éternellement nouveaux, faute de savoir observer et réfléchir.

Dans ce pays où le climat éprouve l'Européen et aussi, soyez-en bien certain, l'indigène étranger astreint à une existence différente de son habitude, l'officier doit être l'auxiliaire du médecin. Renseignez-vous auprès de lui, envoyez-lui vos hommes d'aspect douteux ou fatigué. Tenez la main rigidement à l'hygiène, à la propreté, à la nourriture, à la santé morale. Un bon commandement tient sa troupe en bonne santé. Faites dormir et reposer vos hommes. En rien de temps, on use une troupe jusqu'à la corde; que d'efforts et de temps il faut pour la remonter et la remettre sur pied; besogne obscure dont on ne parle pas, mais sans le succès de laquelle l'opération brillante et fatigante n'est pas possible, car elle n'est qu'une conséquence. Ainsi, l'œuvre politique invisible et tenace doit précéder la colonne de pacification, qui n'est que sa conclusion visible et de mérite bien moindre.

Votre troupe doit être persuadée que vous lui évitez toute fatigue inutile, que vous ne lui demandez jamais que les efforts nécessaires, réduits au strict minimum. Pour lui donner cette conviction, réfléchissez, prévoyez. Les ordres précipités, les observations ou réprimandes violentes correspondent, la plupart du temps, à une lacune ou à une erreur; nul ne le sait mieux que le troupier qui en pâtit. Le soldat indigène est tout prêt à vous donner sa confiance, mais encore faut-il que vous la méritiez personnellement et que vous ne la demandiez pas uniquement au nom d'une supériorité de race souvent discutée.

En résumé, là comme partout, si vous voulez du dévouement au-dessous de vous, soyez dévoué, non pas en paroles, mais en actes persévérants et constants.

Il reste à envisager, pour terminer ce paragraphe, le cas où vous auriez à remplir un emploi dans les services d'administration locale, qu'on les désigne sous l'une ou l'autre des appellations de : service des

Alep. — Panorama pris des casernes turques.

Alep. — Panorama pris de la citadelle.

affaires indigènes, service des renseignements, service du contrôle administratif.

Si la vie militaire proprement dite ne diffère pas essentiellement, nous venons de le voir, de celle qu'on mène en France, il n'en est pas de même dans ces services; il s'agit, là, de situations différentes et qui peuvent se résumer en deux lignes :

*Renseigner le commandement.*

*Faire marcher la machine gouvernementale locate et s'associer l'opinion indigène.*

Ce sont des tâches très délicates qui demandent un jugement sûr, une probité rigide, surtout pour soi-même, une grande force de travail, une volonté persévérante, une patience inlassable et souriante, beaucoup de tact et de doigté.

Renseigner le commandement est une tâche ardue; on doit s'y consacrer en entier et sans arrière-pensée. Il arrive parfois qu'on soit peu encouragé ou soutenu, faute d'être compris, car un apprentissage est nécessaire à tous les degrés de l'échelle. Il ne faut envisager que l'intérêt du service, sans défaillance, en faisant abstraction de tout le reste. Voyez vous-même vos agents à l'heure qui leur convient, non à la vôtre, car il ne faut pas les « brûler»; tant que vous aurez besoin d'interprète, vous n'aurez qu'un service infirme; corrigez ce défaut par des recoupements répétés, mais s'ignorant entre eux. Laissez parler vos agents; gardez-vous de leur indiquer votre penchant; ayez toujours l'air d'être confiant, ne le soyez jamais.

La plus belle colonne que j'aie faite est celle des Béni-Mitir, en 1913, sous les ordres du colonel Henrys, qui unissait à ses hautes qualités de chef une connaissance approfondie du service des renseignements; il savait admirablement plier la manœuvre militaire aux possibilités du service des renseignements. Les pertes furent minimes; les résultats, qu'on ne rechercha pas d'une manière prématurée, par des concessions qui déconsidèrent vis-à-vis de l'indigène, furent solides et durables.

Malheureusement, il n'en a pas été toujours ainsi dans la conduite des colonnes. L'officier du service des renseignements doit avoir l'abnégation d'accepter les inconvénients qu'il ne peut éviter, subordonnant tout à la colonne.

En effet, il tient dans ses mains, suivant les renseignements qu'il donne, la peine, la fatigue, le sang des troupiers. C'est lui qui indique les points d'eau et — terrible responsablilité dans les pays de soleil — leur contenance. Il peut, en trompant l'ennemi sur nos intentions, permettre de le prendre au dépourvu, d'éviter des pertes. Il peut, si notre force impose le respect, créer des divisions, se rallier un parti ami. C'est lui qui habitue les esprits à nos marches, à notre occupation; sans sa préparation, la colonne ne laisse pas plus de trace qu'un vaisseau sur la mer. Le travail du service des renseignements représente les racines de l'arbre dont les opérations ne sont que la partie supérieure.

Vous voyez tout l'intérêt que présente, pour un officier actif, une telle besogne. Mais ce n'est là qu'un côté de la question. La colonne n'est qu'un moyen, le but à atteindre est la pacification, l'organisation; il faut créer une atmosphère de bonnes relations avec les populations locales qui réduise au minimum et supprime l'effort militaire proprement dit. Evidemment, il ne faudra pas agir au Congo comme au Maroc, comme au Levant; il faut là du bon sens, uniquement.

Soyez bien assuré que, partout, la masse veut la

paix, qu'elle appuiera quiconque la lui donnera, mais qu'elle est trop amorphe pour vous aider à la conquérir contre la minorité tapageuse que vous trouvez partout, composée d'ambitieux avides ou d'esprits déréglés. C'est à vous d'avoir de l'énergie et d'en donner à cette majorité.

Partout, soyez poli, courtois, accueillant; sachez écouter sans manifester la moindre fatigue. Si vous voulez savoir, il faut faire beaucoup parler. Si l'on a libre accès auprès de vous (et vous devez y veiller ostensiblement), beaucoup d'abus de pouvoir ne se commettront pas, par crainte d'une plainte possible. Changez d'interprète, vous verrez la différence. Bien plus, apprenez la langue locale; même si vous parlez mal, lentement, même si vous devez faire répéter pour comprendre, c'est un progrès.

Il y a, bien entendu, des interprètes qui sont parfaits; mais alors c'est qu'ils sont en état d'être eux-mêmes officiers de renseignements et c'est mal les utiliser que les employer à cette besogne de transmission.

Souvenez-vous qu'un musulman bien élevé ne crie pas, ne se met pas en colère. Jamais, au plus fort de la plus vive discussion, sa coiffure ne doit bouger. Les cris, la colère sont à bannir. Une phrase fortement prononcée, en appuyant sur les mots importants, fait plus d'effet. Surtout ne frappez jamais, vous vous disqualifiez; c'est l'affaire des esclaves ou des domestiques, ce n'est pas la vôtre. Un refus souriant est plus facilement accepté qu'une concession faite d'une façon bourrue ou discourtoise. Usez du thé et du café, de la cigarette. Il faut se plier aux coutumes.

En administration, soyez bien assuré qu'un Européen, quel que soit son mérite, sera toujours un mauvais caïd pour une population indigène. Le système

de l'administration directe est à proscrire absolument;
il ne fait que des mécontents. Il faut, au contraire,
étudier les pratiques administratives usitées, les reprendre, guider le chef indigène, le garder toujours
devant soi comme un masque.

S'il est en confiance, il vous rendra de vrais services et, souvent, le plus grand sera de vous marquer
une résistance lorsque vous êtes sur le point de vous
tromper. C'est, d'ailleurs, la politique suivie par Rome, qui utilisait les *regulus* (roitelets, nous dirions
les *cheikhs*), les municipalités indigènes (les djemaas),
dans tout ce qu'elles avaient de non-contraire à la
sécurité de l'empire romain. (Gaston Boissier : *L'Afrique romaine.*)

Si, plus tard, vous pensez qu'une modification s'impose, ne la faites qu'avec le concours de l'opinion publique; organisez ou réorganisez la représentation de
celle-ci; causez avec les notables, avec les gens les plus
intelligents, les plus en vue; amenez-les à votre idée.
C'est alors seulement que vous pourrez passer à l'exécution. Cela exige plus de peine qu'un simple ordre à
donner et à faire exécuter de bon gré ou non, mais
c'est la méthode qui rallie, qui intéresse et associe la
population à notre travail, qui lui fait comprendre que
nous cherchons à la perfectionner, à lui apprendre à
faire ses affaires elle-même. Là aussi, la besogne principale et délicate est la préparation.

Il y a une question à laquelle il faut mêler vos admi-
nistrés complètement : c'est celle du budget. Ils paient,
donc ils doivent savoir ce que leur argent devient; ils
doivent pouvoir donner leur avis sur le budget. Pour
eux, ce sera la différence capitale avec le régime que
nous venons remplacer; soyez certain que, s'ils en
voient l'utilité, ils seront les premiers à vous offrir

de nouvelles ressources pour un puits, un pont, un chemin, une école, etc...

Développez, mais toujours d'accord avec eux, les écoles, le service d'assistance et médical. Ce sont là des œuvres à échéance un peu lointaine. J'ai connu l'Algérie en 1890, sans écoles, celle où les tirailleurs algériens, par un sentiment religieux mal compris, refusaient de porter les casques qu'on distribuait pour les envois aux colonies d'Asie. Nous voyons celle de 1914-1918 où on a pu établir la conscription presque sans heurt. Soyez certain que nous le devons aux écoles et surtout aux écoles de filles qui avaient transformé la mentalité intérieure des familles. Nul effort scolaire n'est inutile.

Il pourra se faire que vous ayez à créer ces écoles; faites-le d'accord avec l'opinion publique indigène, en lui donnant toutes facilités de voir ce qui s'y passe.

En 1913, j'ai contribué à la création de la première école de filles musulmane à Rabat; beaucoup assuraient que cette nouveauté serait mal vue, nous aliénerait l'opinion marocaine. Ces objections avaient fort obscurci la question. Pourtant, tout se passa très bien. Voici sur quelle base nous avions établi l'école.

Ecole ménagère (cuisine, couture) et professionnelle (tapis, broderies), sans enseignement général; la salle d'école divisée en deux, l'une des parties réservée aux mères de famille qui pouvaient tout surveiller, aucun homme ne devant être admis dans l'école. Ce programme, connu des notables, eut leur assentiment complet; et une fois l'affaire en marche, ce sont les notables, les familles qui ont demandé un enseignement plus complet (français, lecture, écriture, calcul) ayant pris confiance, se rendant compte des avantages; la méfiance avait disparu, l'œuvre était en marche.

Saïda  (Sidon).

Djouni. — Résidence du Patriarche Maronite.

Or, on ne change la mentalité d'un peuple que par les écoles de filles. Si la femme ne change pas, elle remet à votre enseignement des garçons éternellement au même point de départ, imbus des mêmes préjugés, des mêmes méfiances, des mêmes répulsions. La race ne se modifie que superficiellement. Au contraire, les mères de famille sortant de vos écoles deviennent vos auxiliaires, préparent votre besogne; leur concours est indispensable.

Une des causes de conflit les plus fréquentes est la question forestière. Les habitants sont habitués à s'en servir comme pâture nécessaire l'été, quand tous les herbages sont secs. Ce n'est donc que progressivement qu'on peut changer ces habitudes qui mènent la forêt à sa destruction. Et là, comme toujours, la réforme ne peut se faire qu'avec l'opinion publique; il faut intéresser l'indigène à l'exploitation de la forêt en lui faisant gagner des salaires (établissement des chemins, des tranchées, débroussaillement, abatage et transport du bois). Croire qu'on peut interdire le pâturage en forêt est une erreur; on ne peut que le réglementer en divisant la forêt en une dizaine de lots annuels, dont un seul est ouvert au bétail et les neuf autres peuvent se reposer librement. Peu à peu, c'est l'indigène lui-même qui luttera contre le feu et la chèvre. Ne lui faites pas de reproches: étudiez l'attitude des populations lors du reboisement dans les Alpes, les Cévennes, les Pyrénées; vous deviendrez modeste.

Mais si l'on veut imposer brutalement une législation forestière, on ne protège pas la forêt, on la détruit, car elle brûle.

Vous devez être un ami des arbres, aider aux succès des forestiers par votre propagande de parole et d'exemple; reboisez vos postes, leurs alentours.

Le service d'assistance et médical, bien qu'ayant

une influence moins profonde, a l'avantage d'être d'effet plus immédiat et bien visible.

En pays musulman, l'officier, s'il est marié, pourra trouver dans le concours de sa femme, et si cette dernière possède une connaissance suffisante des mœurs indigènes, un utile moyen de pénétrer dans les maisons, recueillir les dires des femmes et surtout vérifier l'attitude des enfants, qui est le baromètre de l'opinion. Un proverbe arabe dit que c'est l'*aroussa* (jeune mariée) qui, recluse sous sa tente, connaît le mieux les secrets du douar; c'est donc elle qu'il faut interroger.

Vous le voyez, le service des affaires locales est une besogne passionnante où ne doivent se trouver que des officiers d'élite, pleins du feu sacré, dans toute leur vigueur intellectuelle; cherchez à vous initier à ces travaux, il vous en restera un assouplissement de votre intelligence, une confirmation de votre esprit de jugement et de décision qui ne pourront qu'accroître vos qualités d'homme et de soldat.

Le plus gros écueil que vous rencontrerez peut-être dans votre tâche sera la tendance de vous mettre à la remorque d'un « çof », sous la dépendance d'un intermédiaire insinuant, habile et toujours sans scrupule. Vous représentez l'idée française; maintenez-vous au-dessus des clans et des querelles des hommes, si aimables ou adroits soient-ils. Ce n'est pas aussi facile que cela paraît à première vue; vous verrez beaucoup d'exemples de ce qu'il ne faut pas faire.

Une question délicate est celle des cadeaux; ils sont une habitude du pays, une des plaies de l'administration. Refusez-les, même les plus petits; sinon, vous aurez le doigt dans l'engrenage, vous y passerez et, surtout, on dira que vous y êtes passé. Or, il faut que notre honnêteté reste au-dessus du soupçon : elle est notre grande force morale.

Que votre refus soit aimable; poussez la courtoisie jusqu'à montrer de la confusion d'avoir des principes si rigides, mais soyez d'autant plus persévérant à refuser que vous aurez affaire à des offres plus intéressées; vous verrez en peu de temps qu'on y renoncera avec vous pour aller en tâter un autre; observez le succès de ces nouvelles démarches, si vous ne pouvez l'empêcher; au moins aurez-vous marqué, par votre attitude, votre réprobation de ces procédés.

Il est pourtant des cas où l'offre vient d'un campagnard modeste, un refus vous nuirait dans son douar ou sa dachra; acceptez, mais rendez largement, sous une forme aimable; tant pis si la dépense dépasse la recette; vous ne vous êtes pas fait officier pour faire des économies! Ceux qui désirent s'enrichir ont mille moyens de le faire; ils sont tous, au moins les avouables, en dehors de l'armée. Et, comme dit Molière : la peste des avares et des avaricieux!

### b) *Conduite vis-à-vis de la population.*

Dès votre débarquement, vous entendrez fréquemment — trop fréquemment, hélas! — parler en termes désobligeants ou injurieux des populations indigènes ou locales.

Ne tombez pas dans ce travers. Ne croyez pas que les coutumes de votre village soient toujours supérieures à celles du douar ou de la qaria. Ne croyez pas que tout est meilleur chez nous que dans les pays où vous arrivez.

J'assistais, en 1909, dans la tribune du Président de la République, à la suite de l'ambassade Mokri, aux courses de Longchamp, pendant lesquelles une manifestation se mit à incendier les obstacles et dut être refoulée par la troupe. Un des Marocains de l'ambassade, regardant les fumées qui nous rappelaient l'un des derniers sièges de Fez, me dit alors en souriant : « Ils ont aussi des *Beni Mtir.* »

Et Moulaï-Hafid répondait à une réclamation faite contre ses Asker par un de nos représentants, peu après les désertions de Casablanca : « Nous avons aussi nos légionnaires. »

Ces deux exemples, pris entre bien d'autres, suffiraient à prouver, s'il en était besoin, que notre civilisation n'est pas aussi parfaite que des esprits simplistes pourraient se l'imaginer et que marquer du mépris pour les populations indigènes est à la fois injuste et injustifié.

En particulier, le terme indigène ne doit jamais être employé en Orient, où il est pris dans un sens péjoratif par les intéressés.

Rayez donc de votre vocabulaire tous les mots injurieux tels que « bicots » ou autres expressions analogues; vous remarquerez d'ailleurs que ces regrettables épithètes sont surtout usitées par manque d'éducation ou pour se donner un faux air de connaisseur des choses qu'on ignore. C'est avec ces mots blessants qu'on crée autour de soi du ressentiment, de la haine, qu'on prépare les révoltes; ils se paient avec le sang de nos soldats, avec l'argent de nos paysans. Soyez bon Français; faites faire des économies à votre pays; surtout que dans votre bouche à vous, qui portez l'uniforme, les mots blessants prennent un caractère officiel qui les rend plus insupportables.

Ne croyez pas que les populations dites « primitives » soient naïves et se laisseront prendre aux premières belles paroles qu'elles entendront. Vous avez affaire à des gens qui sont plus fins, plus diplomates, plus rusés que nous. Habitués à tromper et à être trompés, ils sont méfiants au point d'être presque incapables de confiance. Ces gens n'ont jamais connu la sécurité, ont toujours vécu dans la crainte d'abus de pouvoir ou de force. Ils se sont réfugiés dans la dissimulation. Il est très long de les faire sortir de cette forteresse, et le seul moyen de leur inspirer confiance est de ne jamais dire que des choses de l'exactitude desquelles on soit absolument sûr; jamais de « bourrage de crâne », sinon il faut s'abstenir. Bien entendu, vous n'êtes pas obligé de dire tout ce que vous savez, si des inconvénients peuvent en résulter; mais vous ne devez jamais affirmer que du certain. Si jamais vous vous « brûlez », vous aurez de longs efforts à faire pour qu'on l'oublie.

Tenez compte, d'ailleurs, de ce que la mentalité de ces populations est si loin de la nôtre que même ceux qui emploient les mots français ne leur donnent pas le même sens que nous et qu'il nous faut de longues années d'usage pour que nous concevions le sens d'un mot arabe, par exemple, comme un Marocain ou un Syrien. Cette différence de mentalité produit souvent des effets auxquels nous ne pouvions penser. L'anecdote suivante en donnera l'idée :

M. de Marcilly, notre premier consul à Fez, ayant réuni pour le 14 juillet, au consulat de France, la « Colonie française » composée de quelques notables marocains retour du Sénégal ou d'Oran avec la naturalisation française, de deux ou trois Israélites naturalisés automatiquement après un simple voyage à Oran, d'après la loi Crémieux, et de quelques amis musulmans qui cherchaient au consulat un recours contre le bon plaisir du Maghzen, eut la pensée de leur expliquer la prise de la Bastille, cause de cette fête. Le 14 juillet suivant, M. Gaillard, qui l'avait remplacé, fut tout étonné de voir l'un de ses clients lui demander : « Et cette casbah que les rebelles ont prise l'an dernier à ton gouvernement, est-ce que le calme est rétabli? » Il fallut bien des explications avant d'arriver à la cause de cette question, mais M. Gaillard se borna à assurer que maintenant tout allait très bien, déclaration qui fut accueillie avec satisfaction. Pour faire entrevoir la vérité, il aurait fallu un cours complet d'histoire de France. Et encore y serait-on parvenu?

Si Abd-el-Kerim ben Sliman, ministre des affaires étrangères, interrogé par le sultan à son retour de Paris sur l'étendue de la France, répondait : « C'est petit; on monte en voiture un jour et, le lendemain, on est à l'autre bout. »

Ces exemples montrent de quelle patience minutieuse il faut s'armer pour essayer de se faire comprendre, sans jamais être sûr d'y réussir.

Sur d'autres points, au contraire, où l'imagination des conteurs a préparé le terrain, on sera étonné de la facilité qu'on rencontrera; en 1909, je n'ai pas traversé un douar du Gharb sans qu'on m'y parle de la machine à voler en l'air; c'était pourtant cette année-là que Blériot avait bouclé son tour complet pour la première fois.

Ces populations ont eu, à un moment donné, une organisation sociale plus avancée que la nôtre; nous avons repris les devants, en grande partie à cause de nos découvertes en mécanique dont la supériorité est reconnue sans conteste par tout le monde. Mais nous avons perdu à cette transformation presque toutes les habitudes de politesse et de hiérarchie qui régnaient naguère chez nous, de la chaumière au château; les besoins de la vie industrielle, la trépidation de l'existence moderne en sont les causes.

Au contraire, dans les pays sans montres, où on a conservé l'habitude de fixer le temps d'après le soleil, sans routes et sans ponts, de sorte que le caprice des rivières fixe la durée du voyage des caravanes, les formules de politesse ont gardé toute leur importance, leur solennité, leur ordre de préséance. Il n'est pas douteux qu'elles donnent à l'existence un caractère agréable que nous ne connaissons plus et qui me laisse, des trois années que j'ai passées à Fez avant l'arrivée des Français, un souvenir charmant, malgré la vie très dure et souvent très périlleuse que nous y avons eue. Les populations indigènes, qui ont conservé cette politesse raffinée et compliquée, en conçoivent un très grand orgueil; elles nous considèrent comme des barbares, esclaves de nos montres, et dont la seule supériorité est d'être maîtres des machines compliquées et puissantes contre la force desquelles nulle résistance n'est possible. La plus grande preuve d'amitié qu'on pourra vous donner, c'est de vous dire : « Tu es comme un de chez nous! » et l'on pensera vous faire grand éloge.

Gardez-vous d'essayer d'introduire vos habitudes, vos heures; conformez-vous à celles du pays; elles sont séculaires; les invasions, les fléaux ont passé : elles ont demeuré. Surtout, elles sont chères à ceux qui les pratiquent. A vouloir les modifier, à les blâmer, à les critiquer, vous ferez figure de tyran et de malappris.

Moulaï-Hassan se levait chaque jour au fedjer (prière de l'aurore), vers 2 ou 3 heures du matin, et commençait aussitôt à gouverner et à administrer : coutume de chef de guerre vivant sous la tente et qui sait que le lever du jour est l'heure des attaques par surprise. Le remarquable capitaine Erckman, le premier officier français qui ait vécu dans l'entourage d'un sultan marocain, n'a jamais eu l'idée saugrenue de vouloir lui conseiller des heures de bureau européennes.

Toute modification, tout changement sont en horreur à ces populations; allez voir dans nos campagnes si l'on ne tient pas à ses habitudes, à ses traditions.

Avant de rien faire, étudiez à fond ce qui existe, on aura plaisir à vous l'expliquer; vous constaterez la plupart du temps que, sans rien changer, avec plus d'ordre et d'honnêteté ou d'activité, les dispositions habituelles sont suffisantes, parfois excellentes. Ce n'est pas aux habitants à se plier à vos volontés, c'est à vous à vous plier à leurs besoins; le premier d'entre eux est la sécurité, donnée par des institutions stables et traditionnelles. Déjà votre venue est un sujet d'inquiétude pour eux, parce qu'elle leur apparaît comme une menace à leur individualité de race, de religion, d'aspirations. Appliquez-vous constamment à les rassurer; rien ne sera changé, leur vie continuera suivant sa route ancestrale; vous ne venez que pour apporter justice et honnêteté dans ces traditions qui, au cours des siècles, se sont gâtées et déformées, mais sans rien y modifier au fond. Et tenez parole.

Apprenez l'histoire des gens au milieu desquels vous vivez; ils vous en sauront gré, prendront confiance en vous, s'habitueront à vous considérer comme un des leurs, résultat que vous devez obtenir sans jamais prendre part à leurs querelles ou vous y immiscer. Il ne vous est permis d'y intervenir que comme juge, restant au-dessus des partis.

Si vous restez dans la troupe, ne marquez pas de méfiance au service des renseignements. Les avantages matériels qui lui sont faits correspondent à des connaissances spéciales et surtout à la nécessité de conserver un personnel ayant pris de l'expérience.

Certes, les défauts des officiers qui en font partie sont d'une visibilité qui les exagèrent. Mais si vous aviez tendance à leur jeter la pierre, demandez plutôt à entrer dans ce service et tâchez de faire mieux : je vous souhaite d'y réussir.

Et si vous obtenez de pénétrer dans cette organisation qui, malheureusement, a quelquefois tendance à s'isoler et à chercher à se rendre indépendante, oubliant que la maison où le serviteur devient maître va à sa ruine, réagissez contre cette inclination; restez en liaison avec la troupe, éclairez-la, aidez-la, considérez-vous comme son premier serviteur; car elle est la première condition de votre action. Sans elle, que resterait-il de vous?

Mais vous verrez quelle difficulté il y a à la satisfaire car, absorbée par sa vie intérieure, elle reste volontiers « campée en pays étranger, voire ennemi », se bornant à quelques idées toutes faites, aussi simples que rudimentaires, derrière lesquelles elle s'abrite pour ne pas avoir à s'initier au milieu où elle vit.

Le commandant Théodore Pain, fils célèbre d'un père illustre, étant commandant supérieur de Lalla-Marnia, avait pris l'habitude de faire afficher au cercle militaire un bulletin de renseignements, sorte de gazette locale; que de critiques il provoqua dans l'arche sainte dont il soulevait un coin du voile, qui dissimulait des mystères bien anodins. Néanmoins, il tint bon et il fit bien.

Ce n'est pas qu'il faille faire de la diplomatie de place publique; elle est aussi mauvaise dans les questions locales que dans les hautes tractations internationales; mais il faut éclairer l'opinion publique, l'orienter, de manière que tout le monde puisse concourir sans hésitation au but final.

Souvent le succès de la préparation est compromis

par l'attitude de la troupe qui ne sait pas et s'en dis-
trait avec les propos du cuisinier, toujours bien in-
formé de l'avenir comme chacun sait, probablement
parce qu'il dispose du marc de café et aussi, hélas!
parce qu'il recueille les propos de table. La difficulté
qui se produit ainsi correspond à une lacune : on
n'a pas orienté.

Mais, bien entendu, le service des renseignements
a des secrets qu'il a réellement intérêt à garder (les
noms, les agissements des agents de renseignements,
par exemple), instrument délicat qui travaille généralement pour les deux partis, et dont toute la valeur
réside dans la manière dont on sait s'en servir. Le
commandement doit avoir confiance dans son service
de renseignements en ne lui demandant pas comment
il sait, mais en se bornant à lui faire cataloguer les
nouvelles en certaines, probables, possibles et dou-
teuses. Il doit aussi lui laisser les délais nécessaires
pour créer la surveillance et en obtenir les résultats
voulus. Renseigner est une tâche délicate qui ne peut
se faire à heure fixe, comme du maniement d'armes.

Ces simples considérations vous montrent que l'officier du service des renseignements a un rôle très
difficile. Elles vous expliquent comment vous rele-
vez, dans les noms des anciens officiers du service
des affaires indigènes (dénomination de ce service en
Algérie, où on l'appelle à tort bureau arabe), ceux de
Lamoricière et de Chanzy, par exemple.

Il est à désirer, d'ailleurs, que les avantages matériels nécessaires pour des officiers qu'on désire garder plusieurs années ne deviennent pas, d'accessoi-
res, la chose principale; que l'esprit de devoir et de
service reste le levier principal; s'il a besoin d'appui,
que ce soient les avantages de carrière qui l'aident et
non l'espoir d'indemnités qui ne peuvent satisfaire

que des esprits sans envergure; que ce soit surto
l'intérêt d'une vie d'initiative, de décision, qui sort
l'ornière habituelle où l'on risque souvent de s'enlis
si l'on n'y prend garde et si l'on ne réagit pas vigo
reusement.

Le renseignement est un art; l'administration e
une science et il est aussi injustifié de penser qu'
les possède d'intuition que de s'imaginer être méo
cin sans en avoir fait les études.

Soyez franc et discret, juste et bon, accueillant
digne. Mais, dira-t-on, voilà une existence qui se de
sine pleine de labeur et de fatigue. Si, par hasar
cela étonnait certain, qu'il pense à ceux qui sont to
bés pour nous sauver et il n'hésitera plus à se d
penser sans compter pour consolider leur œuvre
salut national.

En Orient, vous entendrez porter des jugements p
remptoires sur les différentes races ou religions; so
dez les connaissances des juges improvisés; vous
trouverez trop souvent vite le fond. On juge sur u
impression, sur ce qu'on a entendu dire, sur un fi
isolé; ne faites pas ainsi. Etudiez, travaillez, situ
chacun dans son milieu, dans son histoire. La ra
méditerranéenne de Cadix à Smyrne et à Port-Sa
a des traits communs qui pourront vous servir util
ment de repères, sous des différences plus appare
tes que réelles.

Au Maroc, les Mellah sont l'objet de remarqu
méprisantes, souvent basées sur des réalités.

Mais que serait le contempteur de ces populatio
qui subissent depuis des siècles une domination d'u
dureté incroyable, auprès de laquelle Pizarre et Fe
nand Cortez apparaissent comme des indulgents; q
serait ce contempteur, si ses ancêtres avaient su
un sort analogue, parqués dans des quartiers ma

sains, périodiquement massacrés ou pillés ou traités en bétail plus qu'en hommes?

Notre rôle n'est pas de blâmer, de critiquer des peuples qui ont souffert à la limite de la souffrance tout ce qu'une humanité peut supporter et qui ont gardé avec une foi invincible leur langue et la croyance en l'avenir de leur nation. Ceux qui le font oublient les traditions de notre race. Etudiez toutes les questions au point de vue exclusivement français; songez que nous ne sommes pas en état de jouer les Don Quichotte.

Mais souvenez-vous que vous êtes du pays de France, celui à qui on avait arraché l'Alsace et la Lorraine et qui ne peut être que pitoyable aux faibles, dans la mesure de ses moyens.

### III. — Quelques notions religieuses et ethniques (1).

#### A. — NOTIONS RELIGIEUSES.

Partout où vous irez, vous rencontrerez l'Islam; c'est donc par lui que ces notions débuteront. Nous caractériserons ensuite en quelques mots les différentes religions de l'Afrique du Nord et de l'Asie Mineure et les différentes races, ce qui facilitera vos premiers pas dans ce mélange de peuples si hétéroclite.

ISLAM. — L'Islam est une religion arabe, née au Hedjaz, de la réaction nationale arabe contre les Abyssins, qui étaient venus construire une église à Sana et avaient assiégé La Mecque; contre les Perses adorateurs du feu, dont les flottes avaient conquis Aden et

---

(1) Ces notions ont été rétablies et complétées; les articles de la *Revue d'Infanterie* avaient été réduits sous ce rapport pour leur garder un caractère plus simple et plus précis.

les côtes de l'Arabie, et contre les Byzantins orthodoxes, qui cherchaient à étendre leur domination au sud de leur province d'Arabie Pétrée.

Des essais d'organisation religieuse avaient d'ailleurs précédé l'œuvre du Prophète au vi° siècle (1).

Devenue syrienne, la religion musulmane faillit s'orienter sur Jérusalem (au début, le prophète Mohammed faisait faire la prière prosterné dans la direction de Jérusalem, qui est pour les Musulmans une ville aussi sainte que La Mecque ou Médine).

L'empire islamique arabe reconstitua rapidement une puissance méditerranéenne en conflit avec les tentatives adverses des Carlovingiens et de la papauté et avec le reste de l'empire romain qui s'effritait autour de Byzance. Il est à noter que les khalifes adoptèrent les formes administratives byzantines et perses en leur donnant simplement des noms arabes.

D'après le Coran, la seule condition imposée par le Prophète à ses successeurs est d'être koréichite, c'est-à-dire d'appartenir à la tribu noble de La Mecque qui portait ce nom et avait la garde du « Bit Allah », la Maison de Dieu, lorsque N. S. Mohammed commença son apostolat.

Il est évident que le sultan turc, qui n'est même pas arabe, ne remplit pas cette condition. Mais, tandis que, dès le début de la papauté et malgré ses efforts, les pouvoirs spirituels et temporels se sont séparés chez les chrétiens, chez les musulmans, au contraire, le pouvoir temporel, signe de la grâce d'Allah, entraîne le pouvoir spirituel; il n'y a eu qu'une exception au moment des sultans seldjoukides.

Les musulmans, à l'heure actuelle, se rendent tous

---

(1) *Les Institutions musulmanes*, par M. Gaudefroy-Demombynes (chapitre II).

La Mecque. — Intérieur de la grande mosquée. — Au centre le Bit Allah. — Au fond, le fort de Djiad d'où les Turcs ont bombardé la grande mosquée à l'heure de la prière, incendiant le tapis sacré.

compte que la disparition de la Turquie, seul Etat musulman indépendant, est un dommage pour l'Islam. Ils ne la désirent donc pas; mais leur résistance à cet événement est loin d'être uniforme. Elle n'est pas sans quelque ressemblance avec celle qui se manifesta chez les catholiques contre la disparition des Etats du pape.

Il existe d'ailleurs, chez beaucoup de Turcs cultivés (mais pas dans le peuple qui demeure obstinément fidèle à son padishah khalifa), l'opinion que le sultan aurait intérêt à abandonner son caractère religieux pour devenir un souverain civil; c'est la même catégorie de Turcs qui envisage l'abandon des caractères arabes et l'emploi des caractères occidentaux, réforme à laquelle le clergé musulman est formellement opposé, mais qui est déjà pratiquée en Albanie.

Il est à noter, d'ailleurs, que l'islamisme des Turcs dirigeants est très sujet à caution; au cours de la guerre, assiégés dans le fort Djiad, à La Mecque, ils n'ont pas hésité à tirer sur le « Bit Allah » que leurs obus ont atteint, tuant et blessant des musulmans en prière dans le temple, sans aucune utilité militaire.

A Médine, le général Fakri-Pacha avait fait dépouiller le tombeau du Prophète et envoyer à Constantinople les objets précieux qu'il contenait, notamment le fameux diamant Koukab (l'Etoile). Il fit raser toutes les maisons autour du temple pour le transformer en réduit, dans lequel il fit arriver la voie ferrée, faisant de ce lieu vénéré, sa gare, son magasin et son poste de commandement. Pendant ce temps, le malik Hossein ben Ali, qui, lui, est un koréichite, nous interdisait de couper l'eau à la ville de Médine pour ne pas empêcher les ablutions de la prière, et défendait aux aviateurs anglais de survoler le temple et de le bombarder, interdictions qui ont enlevé la possibilité de prendre la ville.

Beyrouth. — Le port.

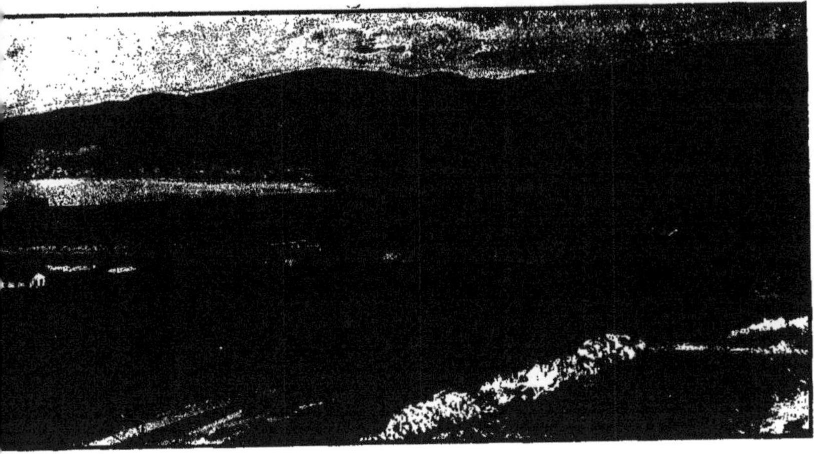

Beyrouth. — Baie Saint-Georges.

Fakri-Pacha a, d'ailleurs, amené des officiers allemands jusqu'à Médine. Nos détachements en ont tué plusieurs sur la voie ferrée.

Enfin, au cours de la guerre, imitant ses maîtres allemands qui reprenaient le culte d'Odin et de Wotan, Enver-Pacha fit officiellement reprendre les vieux cultes turcs antérieurs à la conversion de leurs hordes à l'Islam.

Mais, si les Turcs dirigeants sont peu musulmans, ils sont diplomates avisés. Et ils n'ont gardé de négliger le moyen d'action que leur donne l'Islam.

Angora avait d'abord pensé à proclamer un nouveau sultan, et le prince Eumer Farouck avait fui de Constantinople pour rejoindre les kémalistes dans ce but. Mais les extrémistes ne l'ont pas laissé débarquer. Leur pensée, en effet, est de revenir aux traditions primitives, suivant lesquelles les quatre premiers khalifes ont été élus par le peuple. Leur choix se porterait probablement sur le Senoussi de Djaraboub, qui a fui de Tripolitaine et se trouve actuellement à Ourfa, où il fait preuve d'une très grande activité (1).

Ce retour aux traditions primitives aurait le très grand avantage de permettre de rallier toutes les sectes islamiques qui se sont séparées de la religion orthodoxe après la mort d'Ali, restant fidèles à ses fils et à leurs descendants vrais ou supposés.

Cette tentative a réuni les suffrages des délégués des régions musulmanes les plus imprévues.

---

(1) Le cheikh Senoussi a ·été nommé mouchir (maréchal) par Moustafa-Kemal. Il est président d'honneur du Comité panislamique de Moscou, Comité créé par Lénine et Enver. Au mois de mars 1922, il était à Ourfa, occupé depuis plusieurs mois à rallier les Kurdes, en leur donnant comme objectifs Alep et Bagdad au lieu d'Angora

On y a vu :

Le grand tchélébi de Konia, chef de la confrérie
alide des Derviches Tourneurs, qui est resté favorable
à l'action française jusqu'au moment où celle-ci a ab-
diqué;

L'émir de Kerbela, également alide, dont les Turcs
avaient pillé la capitale et les lieux sacrés pendant la
guerre et qui a fini par aller à Angora;

Les délégués musulmans de l'Inde; ce sont des Sunnites. Le gouvernement de l'Inde se servait des musulmans pour dominer les populations indiennes non
musulmanes; mais il redoutait fort ces auxiliaires,
qui ont fini par prendre vis-à-vis de lui l'attitude de
janissaires. La démission de lord Montagu semble
prouver que le gouvernement britannique s'est sou-
venu de la parole de lord Canning après l'insurrection
de 1857 : « Chaque fois que nous avons agi vigoureu-
sement, nous avons réussi; jamais, quand nous avons
obéi à de timides conseils. » Le certain est que la politique de concessions et de faiblesses a complètement
échoué et a conduit à une situation qui va exiger de
gros efforts. On ne résout pas une difficulté en la remettant sans cesse; mais, au contraire, on ne fait que
l'accroître. Faute d'avoir eu l'énergie d'un petit effort,
on est amené à l'obligation d'une action coûteuse et
étendue;

Les délégués de la Perse, fait caractéristique, car
les Persans chütes ont toujours été les ennemis des
Turcs sunnites; les Persans sont d'ailleurs de race
indo-européenne, tandis que les Turcs sont des Asiatiques;

Les délégués de Kazan et de la Volga, pays tatars,
où on parle encore la langue turque.

Ce groupement au centre d'Angora deviendra dangereux si l'Europe ne trouve pas le moyen de l'en-

rayer. Jusqu'ici, on a constamment confondu deux choses différentes :

L'islam, question religieuse qui ne comporte pas plus d'unité politique que le catholicisme ou le protestantisme;

Le panislamisme, question politique d'invention allemande utilisée actuellement par le bolchevisme, dont le kémalisme est l'allié, comme le prouve le traité turco-russe du 16 mars 1921 entre Youssouf Kémal Bey, le docteur Riza Nour Bey, Ali Fouad Pacha d'une part, et Georges Tchitcherine, Djelal Korkmazoff d'autre part (1).

Il est à noter qu'en face des échecs français au Levant, anglais aux Indes, on peut comparer la tranquillité du Maroc français, où on a pratiqué une politique musulmane non-panislamique, basée sur un sultan khalifa et sur un maghzen restauré. C'est, d'ailleurs, la politique romaine utilisant les Juba et les autres rois africains, que les Anglais tentent en Egypte avec le roi Fuad I$^{er}$, à Bagdad avec Faïçal, aux Indes avec les souverains indiens, et que beaucoup considèrent avec raison comme la solution de la question d'Orient par la restauration du sultan khalife de Constantinople, seul principe stable en Orient.

× ×

A l'heure actuelle, l'Islam comprend quatre rites orthodoxes et un certain nombre de branches non orthodoxes :

Rite hanéfite (Iman Abou Hanifah, viii$^e$ siècle de notre ère). Turcs, Asie centrale, Indes .

Rite chaféite (Iman Mohammed ben Idris ech Chaféi, ix$^e$ siècle). Golfe Persique, Arabie méridionale, îles

---

(1) *L'Aventure kémaliste*, par Omer Kiazim.

de la Sonde hollandaises, Côte orientale d'Afrique :
c'était le rite des Abbassides.

Rite malékite (Iman Maleck ibn Anas, viiie siècle de
notre ère). Tunisie, Algérie, Maroc, Afrique centrale.

Rite hanbalite (Iman Ahmed ibn Hanbal, ixe siècle
de notre ère). Peu répandu : Arabie centrale. Très
étroit.

Ces quatre rites ont chacun leur chaire et leur place
spéciale dans le temple de La Mecque.

A côté de ces quatre rites orthodoxes, il faut connaître les branches ci-après, qui se sont séparées et
sont traitées de schismatiques :

Les chütes (partisans) (qui se nomment chüa), partisans d'Ali, de ses fils, dont la ville sainte est Kerbela,
en Mésopotamie; ils font en outre le pèlerinage de La
Mecque et de Médine; les Turcs et les Arabes les mé-
prisent et les injurient volontiers. Les chütes constituent la population de la Perse (Aryens) et de partie
du centre de l'Irak (Kerbela, Bagdad, Bassora). Ils
attendent un « imam caché », descendant d'Ali, qui se
révèlera à son heure. Ils suivent extérieurement le
culte orthodoxe, lorsqu'ils y sont obligés, et tout en
le réprouvant. En attendant le retour de l'imam caché, ils reconnaissent un chef politique, un chah;

Les kharedjin (mot péjoratif) quittèrent les drapeaux d'Ali à la bataille de Siffin (657), et formèrent
une secte protestante très rigide, qui se trouve à
Oman, Mascate, Zanzibar, Syonah, au Djebel-Ne-
fouça (Lybie), au Mzab. Ils se donnent le nom d' « aba-
dites » du nom de leur imam fondateur. Ceux du Dje-
bel-Nefouça ont soutenu les Italiens, qui les ont laissé
massacrer par les Senoussia, permettant ainsi la constitution d'une « nation » tripolitaine qui les bloque
dans Tripoli;

Les ismaïliens, qui sont des chütes; les Druzes du

Djebel-Haouran s'en rapprochent; on en trouve à Bombay; les Ansarich ou Noçaïri du nord de la Syrie sont également de cette secte, sur laquelle on a raconté bien des légendes qu'il ne faut accepter que sous bénéfice d'examen;

Les Soufis, secte fondée au xii° siècle de l'ère chrétienne, qui recherche l'extase avec Dieu, considère le Coran comme accessoire;

Les ouahabites, secte protestante rigide fondée au xviii° siècle, en Arabie; ils tiennent actuellement le Nedje, le centre de l'Arabie (capitale er Riadh); ils ont pris La Mecque et Médine, au commencement du xix° siècle; ils ne reconnaissent ni saints, ni tombeaux, pas même celui du Prophète à Médine qu'ils ont pillé. Ce sont des pillards sauvages, qui restent un danger constant pour les villes saintes.

La majorité des musulmans sont compris sous le nom générique de « sunnites » (de souna, tradition), parce qu'ils révèrent presque à l'égal du Coran lui-même la tradition recueillie par les Ansar, les compagnons du Prophète et par les premiers khalifes. Aux sunnites appartiennent les Turcs, les Indiens, les Arabes du Hedjaz, les Syriens musulmans.

Le sultan turc de Constantinople est reconnu comme khalifa par les sunnites.

Les villes saintes, La Mecque et Médina étaient, avant la guerre, disputées par deux familles rivales, toutes deux d'origine chérifienne, entre lesquelles le gouvernement turc entretenait savamment la désunion, leur donnant tour à tour le poste de grand chérif de La Mecque. En 1916, le grand chérif Hosséin ben Ali, sachant qu'il était destitué par les Jeunes-Turcs, et remplacé par son rival, le chérif Haïdar, désireux de sauver sa vie, de délivrer son pays de la famine, causée par le blocus anglo-français et par la suppression du pèlerinage, se souleva, et parvint à chasser les Turcs avec notre aide. Il s'est fait proclamer malik (roi) du Hedjaz.

Son fils Faïçal, après des aventures nombreuses, est parvenu à se faire proclamer roi de l'Irak à Bagdad, soutenu par le gouvernement britannique, qui a toujours compté sur la famille du malik pour réduire ses frais d'occupation. Il n'est pas douteux que le fond de leur pensée est la reconstitution du khalifa arabe. Mais il serait erroné de croire qu'ils sont antiturcs; ils se rallieraient de suite au khalifa turc s'ils pensaient que ce soit un avantage pour l'Islam. Le malik a sans cesse témoigné les plus grands égards pour le gouvernement turc, et la khotba se dit à La Mecque au nom du sultan Méhémet VI.

Il existe dans l'Arabie du sud (Yémen) deux chefs religieux indépendants, l'imam Yahia à Sanaa, et le cheikh Idriss, au nord de l'Yémen, qui est en relations suivies avec les Italiens de l'Erythrée.

En ce qui concerne l'Afrique du Nord, les Tunisiens disent la khotba au nom du sultan de Constantinople, et les Algériens au nom des Ansar (compagnons du Prophète, correspondant aux apôtres des chrétiens), cette dernière formule étant celle employée par les musulmans dans les périodes troublées où il n'y a pas de khalifa établi.

Les Marocains, au contraire, reconnaissent pour khalifa le sultan Moulaï Youssef, qui descend de la famille d'Ali, et qui est par conséquent le seul khalifa vraiment coranique. Le sultan Moulaï Youssef appartient à la dynastie des chérifs filaliens, originaires du Tafilelt. Les Marocains ne sont donc rattachés au reste de l'Islam que par le pèlerinage. Mais le grand retentissement donné en France aux concessions faites aux kémalistes, notamment par le traité d'Angora, en

même temps que la propagande bolchevique et kémaliste, dont on a eu les preuves flagrantes en Tunisie,
ont malheureusement tourné l'attention des Marocains
vers l'Orient, où notre situation n'est pas brillante. Si
une réaction ne s'y produit pas, il faudra compter sur
les suites de cette nouvelle orientation, tout à fait contraire aux désirs du maréchal Lyautey. En outre, la
proclamation de l'indépendance égyptienne, résultat
de la propagande kémaliste-bolchevique et des divisions franco-anglaises, aura sa répercussion avant
longtemps en Afrique Mineure.

Les Espagnols ont émis la prétention que le khalifa
du sultan établi à Tétouan ait non seulement les pouvoirs politiques, mais encore des pouvoirs religieux
indépendants de ceux de son suzerain. Cette prétention dénote une méconnaissance complète de l'Islam :
c'est une des causes de l'attitude des populations ri-
faines à l'égard de l'Espagne.

L'attachement des Indiens musulmans pour le padishah de Constantinople mérite quelques explications. On sait que les invasions mongoles de Gengiz-
Khan (1154-1227) furent complètement indifférentes
en matière de religion; elles favorisèrent même les
chrétiens. Au contraire, celles de Timour-Leng (Fer
le Boiteux) (1336-1405) furent ardemment musulmanes. Son petit-fils Babor, après une jeunesse malheu-
reuse, s'empara du Turkhestan, puis de l'Hindoustan,
où il fonda la dynastie musulmane des grands Mogols
de l'Inde (1483-1530), dans le même esprit de prosé-
lytisme. Tous deux dirigèrent leurs opérations d'une
manière remarquable, avec un esprit d'organisation
et de décisions admirables, mais avec une barbarie incroyable. Cette organisation musulmane reçut l'inves-
titure du sultan de Constantinople, et resta fidèle au
khalife, à part l'empereur Akbar (xvıı° siècle). Lorsque

l'empire du grand Mogol disparut, ses anciens sujets restèrent orientés sur Constantinople. Ils ne sont pas plus de 50 à 60 millions sur une population de 350 millions d'habitants.

En ce qui concerne particulièrement le Maroc et le Levant, les principales catégories de musulmans que nous rencontrons sont les suivantes :

*Au Maroc.* — La généralité de la population musulmane est malékite et reconnaît comme khalifa le sultan Moulaï Youssef, d'origine chérifienne; on trouve cependant dans les ports quelques traces du séjour de Turcs hanéfites, notamment à Salé, où ils avaient imprimé à l'islamisme plus tolérant des Berbères une tournure fanatique qui persiste encore à l'heure actuelle. Les Turcs venaient s'établir là comme constructeurs de navires corsaires ou fabricants du matériel qui s'y rapporte; ils avaient une réputation particulière comme canonniers et fabricants de poudre à canon.

Si la plaine est islamisée et ne conserve plus guère de traces de la période antéislamique, la montagne berbère, au contraire, a gardé ses coutumes différentes des prescriptions du droit du Coran. Et il y aurait des recherches curieuses à faire sur les tombeaux où vont pèleriner en commun musulmans et juifs, perpétuant des coutumes locales millénaires.

Les juifs du Maroc se divisent à première vue en deux catégories :

Ceux venus dans le dernier siècle d'Espagne, du Portugal et qui, européanisés, habitent hors des mellahs, où ils vont le moins possible; parmi eux, les autorités espagnoles ont souvent cherché des ressortissants par des naturalisations basées sur leur origine.

Ceux originaires du pays, parqués dans les quartiers spéciaux appelés mellahs (mot qui signifie religion; comparez notre expression gens de religion pour qualifier les protestants à l'époque de la Réforme), y vivant sous l'autorité théocratique d'un rabbin, population généralement misérable, ignorante et fanatique.

Jusqu'en 1919, l'usage des bains chauds leur était interdit; cette année-là le directeur de l'école de l'Alliance israélite de Fez fit venir une baignoire de Tanger pour son usage personnel et celui de sa famille : le maghzen refusa de laisser entrer cet ustensile au mellah; il fallut que M. Gaillard, notre consul, intervînt vivement pour que ce veto fût levé. Mais Moulaï Hafid fit promettre que seuls le directeur et sa famille se serviraient de la baignoire. Des moghaznia parcoururent les rues brisant dans les boutiques des ferblantiers, tous juifs, tout ce qui pouvait servir à prendre un *tub*.

Si j'ai conté en détail ce minime incident, c'est pour que vous pensiez que ce régime durait depuis des siècles et pour que vous soyez indulgent et compatissant, ce qui ne veut pas dire d'être faible, bien entendu.

C'est d'ailleurs à une époque récente que les mellahs furent constitués; les juifs étaient pris par le sultan sous sa protection relative, à condition de payer pour ses mariages, ses paternités, etc., etc.; ils étaient ses serfs personnels, gouvernés dans la vie normale par leurs rabbins.

Ce n'est qu'au xviiie siècle qu'un sultan nommé Moulaï-Abdallah, qui fut détrôné une quinzaine de fois, voyant qu'à chaque révolution les juifs étaient tués ou pillés, imagina de leur offrir une partie de son palais comme refuge (le mellah de Fez est dans l'enceinte de la Dar el Maghzen). Mais, pour obtenir

Baalbeck. — Ras el-Aïn.

ce droit d'asile, ils durent abandonner les biens immeubles situés dans la ville. Plutôt que de consentir à cette perte, toutes les familles juives riches se convertirent à l'islam : beaucoup des grandes familles musulmanes de Fez sont de cette origine, qu'elles n'ont pas oubliée. Certaines ont même conservé leurs noms juifs.

Autrefois, à Fez, on reconnaissait les juifs néo-musulmans ou leurs descendants immédiats à ce qu'ils ne pouvaient soutenir les auvents de leurs boutiques qu'avec des roseaux et non des montants de bois.

Dans les tribus berbères, il y a des groupements juifs indigènes, généralement misérables serfs.

Il faut connaître ces coutumes, qui ne disparaissent que peu à peu, pour éviter de les heurter de front, ce qui les rajeunirait.

Les chrétiens du Maroc ne présentent rien de particulier; jusqu'à l'occupation française, l'Espagne avait le monopole de la religion catholique au Maroc. Le général d'Amade ayant fait venir des sœurs françaises en 1908, le clergé espagnol leur refusa les sacrements, ce qui détermina leur départ. Depuis, un arrangement est intervenu, aux termes duquel le clergé est français dans notre zone.

*Au Levant.* — Les principales formes de l'islamisme que nous rencontrons au Levant sont :

1° Le *rite hanéfite* (turcs et arabes), culte officiel soutenu et imposé sous la domination ottomane, mais ce rite, qui fait des touraniens le peuple de Dieu, n'est pas accepté de bon cœur par les non-touraniens; les Arabes, fiers de leurs souvenirs, tournent volontiers leur pensée vers les chérifs de La Mecque. Notre intérêt évident est que ces deux tendances restent distinctes et indépendantes l'une de l'autre. En outre,

nous avons besoin de pouvoir laisser faire le péle-
rinage des villes saintes aux Français musulmans
dans les meilleures conditions. Les plus gros groupements de pèlerins, à La Mecque, sont d'abord les
pèlerins hollandais des Indes néerlandaises, qui sont
aussi les plus riches et les plus prodigues. Il existe,
à La Mecque comme à Médine, d'importantes colonies
de ressortissants hollandais, et le consul de Hollande
à Djeddah y a une situation très en vue, qui ne nous
est pas favorable.

Pendant la dernière guerre, le consul de Hollande à
Djeddah ne pouvait communiquer avec son gouvernement que par lettres rédigées en français en clair
et en en remettant copie au gouvernement du haut-
commissaire britannique au Caire.

Viennent ensuite les pèlerins indiens, également
nombreux et riches, très embrigadés. Le reste est de
moindre importance. Le pèlerinage des Maugrebins,
peu nombreux, peu argentés, mais composé de gens
réputés pour leur énergie et même leur rudesse, ne
peut donc se bien faire, dans des conditions favorables pour notre influence, que si le malik leur témoi-
gne volontairement des attentions personnelles; ce qui
entraîne la nécessité de bonnes relations entre lui et
le gouvernement français.

2° Les *Alaouin* (en arabe) ou Alevis (en turc), partisans des descendants d'Ali et de sa femme Fatima,
fille du Prophète, dont les sectes sont nombreuses et
variées, subissant l'influence des anciennes religions
disparues ou des religions voisines (christianisme, ju-
daïsme); leur caractéristique est le mystère, qui va
jusqu'à adopter extérieurement la religion musulmane
orthodoxe et à en suivre la pratique, jusqu'au jour
où l'on pourra s'en dispenser. Tous attendent l'appa-

rition de l' « imam caché », obéissent à des chefs secrets et aspirent à être délivrés du joug turc.

Les Chütes, dont nous avons déjà parlé (Perse, Irak, Kerbela);

Les Kizilbach (mot péjoratif : têtes rouges), qu'on trouve répandus d'Adana à Trébizonde, qu'on évalue à 500.000 personnes, et qui tiennent leur religion secrète tout en se disant Alevis.

Ils semblent être les descendants d'une des anciennes races autochtones (peut-être les Hittites ou Hétéens). Ils sont doux, de mœurs agricoles, et sont très brutalement traités et méprisés par les Turcs;

Les Ansarieh (voir l'article du capitaine André dans *l'Asie française de* 1922; *Histoire et religions de Noçaïri*, par R. Dussaud) ou Noçaïri (terme qui a pris une acception péjorative à cause de sa ressemblance avec Nsrani (Nazaréen), chrétien, et qui vient du nom de leur fondateur Mohammed en Nçaïri, au IXᵉ siècle).

Ce sont des Alevis de langue arabe qu'on trouve en Cilicie (où ils étaient environ 120.000, mais dont beaucoup ont dû quitter le pays au retour des kémalistes) et dans la région de Lattaqieh. En Cilicie, ils se sont montrés francophiles. Ce sont des agriculteurs, doux et timides, que les Turcs traitent très durement. Ils ont été constitués en gouvernement particulier, dit des « Alaouin », au nord de la Syrie. Ils ont un centre religieux dans la région Albistan-Bazardjik et dans celle de Sivas, suivant les époques;

Les Druzes (voir *La Syrie*, par Jacques J. Tabet) du Djébel-Haouran, dont la religion est également imprécise avec une façade d'Islam. Ils sont les ennemis des Maronites, catholiques du Liban, et c'est à cause de leurs violences que Napoléon III intervint en Syrie en 1860-1864 (expédition du général Beaufort d'Hautpoul). Ils ont adopté pour « imam caché » un khalife d'Egypte, El Hakim, sorte de forcené sanguinaire qui se prétendait dieu et dont ils attendent le retour;

Les Ismaïliens, ou Bathéniens, ou Assassins, dont l'imam fondateur est Ismaïl bou Dsafar es Sadiq. Ils ont eu leur heure de célébrité à l'époque des Croisades. Les croisés appelaient leur chef le « Vieux de la montagne », traduction littérale de Cheik el Djébel. Ils ont dominé tout l'Irak persan. Ils ont une grande haine contre les Sunnites. Ils ont actuellement leur chef religieux à Bombay et lui envoient de fortes sommes;

Les Yézidis ou « adorateurs du diable », qui ont conservé le vieux culte des deux principes du Bien et du Mal, ce dernier étant le seul qu'il importe de se concilier, puisqu'il est le seul qui peut nuire. Ils se couvrent également du masque des croyances alevis. Ce sont des restes des anciennes populations autochtones;

Les « Ghèbres » ou adorateurs du feu, qui ont conservé la vieille religion de Zoroastre. Ils redoutent la mer et exposent leurs morts dans des « tours du silence » où les oiseaux rapaces viennent les dévorer. Ils se sont étendus à Aden, en 1916, venant de la Perse et de l'Inde. Ils sont dans la main des Anglais. Ce sont des gens doux, pacifiques, commerçants.

En résumé, les différences de croyances que vous trouverez chez les sectes musulmanes leur servent de lien national pour résister à l'étranger oppresseur et conquérant. Vous devez être l'ami des musulmans; le dévouement des Français musulmans pendant la guerre dispense de toute explication au sujet de cette obligation. Vous verrez d'ailleurs, à les fréquenter, qu'ils sont des hommes comme les autres, ni meilleurs ni pires. Vous trouverez chez eux, comme chez nous, d'honnêtes gens et des voleurs, des sincères et des menteurs. Mais leur supériorité en courtoisie n'est pas discutable. Soyez de même avec eux ; gardez un parler mesuré, des gestes rares et lents ; usez des formules de politesse et ne laissez pas votre interprète les supprimer, comme il arrive souvent.

Je me souviens d'une entrevue d'un officier général avec le sultan Moulaï-Hafid, au cours de laquelle celui-ci, après quelques phrases, se borna à sourire sans plus rien dire. Quelques jours après, un des assistants également officier général, retournait chez le sultan, avec cette fois l'admirable interprète qu'est M. Reynier. Moulaï-Hafid se montra gai, enjoué, bavard, au grand étonnement de son interlocuteur ; le sultan avait senti que, cette fois, on traduisait.

Mais ne croyez pas que ces musulmans soient gens à se laisser prendre à des paroles, à des gestes. Vous n'aurez leur confiance que par une longue patience et un effort véritable.

Il y a pas mal d'années, un voyageur français, inexpérimenté mais plein d'ardeur, arriva à Fez ; il avait consenti à se faire circoncire pour montrer son amour de l'Islam, sans d'ailleurs savoir un mot d'arabe. Un jour de moussem (fête religieuse) au cimetière nord de la ville, malgré toutes les recommandations, il alla se promener au milieu des tombes ; la foule de Fez est généralement tolérante et, bien qu'en grognant, elle laissait faire. Malheureusement, quelques nègres priaient près du tombeau du saint qu'on fêtait et se mirent à jeter des pierres à ce touriste inexpérimenté. Il eut alors la fâcheuse idée, tout en criant en français mille paroles aimables pour l'Islam, que la foule prenait pour injures, d'exhiber la preuve du sacrifice qu'il avait fait. Ce geste impudique, injure grave s'il en fût, décida de l'affaire ; on

Baalbeck — Péristyle du Temple de Jupiter.

le rapporta au consulat la tête fendue, et c'est miracle
qu'il ne soit pas mort.

Vous trouverez souvent des gens qui montrent la
même ingénuité ignorante. Vous vous souvenez du
fameux député Grenier, qui faisait des parodies de
prière sans savoir un mot d'arabe. Je l'ai vu à Alger,
sur la place du Gouvernement, s'allonger sur le sol
à l'appel du muezzin, à côté d'un urinoir, sous les regards courroucés de la foule, qui voyait là, à juste
titre, il faut l'avouer, une ridiculisation de ses croyances : une tache d'urine interdit toute prière, et celle-
ci ne doit être faite que sur un sol propre et recouvert
d'une étoffe propre, tapis, natte ou simplement vête-
ment.

Ces deux exemples vous montrent deux hommes
pleins de bonne volonté allant directement à l'encon-
tre de leurs projets. Les musulmans ne vous demandent pas de devenir musulman : ils vous demandent
des égards légitimes, la liberté, la justice, la sécurité. Et ils n'accepteront rien de vous si vous n'avez
pas la force qui vient d'Allah. Donc soyez fort et
juste. Le nombre des musulmans qui ne prennent pas
pour de la faiblesse et de la crainte le fait de les con-
sulter est très réduit. C'est une éducation à faire, et
qui prendra plusieurs générations.

Je ne vous ai pas parlé des confréries musulmanes.
Ce sont des organisations à caractère religieux, politique et social. Ce sont surtout des assurances de
protection contre les abus de pouvoir des gouvernements et de leurs agents; ce sont, en même temps, des
sociétés de bienfaisance, de secours mutuels et d'études religieuses surtout. Dans une certaine mesure,
comparez l'Armée du Salut anglaise, qui nous paraît
si étrange et qui est, à Londres, ce qu'est l'Assistance
publique à Paris.

Il vous faut connaître les confréries du pays où vous êtes, leurs tenants, leurs aboutissants. Un appui directement donné à l'un de leurs chefs ou à la communauté, un bon accueil constant, mais discret, — je répète le mot, — vous attirera une bienveillance souvent utile. J'insiste sur la nécessité de garder ce caractère de discrétion à ces relations, je dirai presque de secret, parce que le chef musulman qui se met ouvertement avec les chrétiens perd son influence. Il faut qu'il garde un fumet d'opposition. Ce qui n'empêche nullement une action efficace et de bonnes relations. Tenez compte des indications que l'intéressé vous donnera et tâchez de les comprendre, car elles sont parfois un tantinet obscures. Et surtout restez neutre dans toutes leurs querelles que vous devez dominer : vous représentez la France; mais soyez attentif et renseigné.

La politique de confréries est une chose tout à fait intéressante, mais très délicate. Vous trouverez souvent, dans ces meneurs d'hommes, beaucoup de bon sens et de jugement, de pratique des affaires. Il y a généralement, à côté du chef apparent, qui a un petit caractère d'idole sacrée, une éminence grise qu'il faut connaître et pratiquer.

Cette rapide esquisse des choses musulmanes ne serait pas complète, si je n'ajoutais que vous devez vous enquérir minutieusement de l'origine des gens auxquels vous avez affaire, de leur famille et parenté, de l'endroit où ils ont étudié.

Ayez toujours l'air confiant, soyez toujours méfiant; ne dîtes jamais que des choses vraies et certaines; soyez toujours de la plus grande politesse et d'un calme de geste et de parole imperturbable. Surveillez votre traducteur, empêchez qu'on ne barre votre porte et qu'on ne vous mette en tutelle : apprenez vite à parler arabe, berbère ou turc. Enfin, enregistrez au jour le jour vos conversations avec chacun : c'est une base nécessaire.

× ×

Nous allons maintenant examiner les différentes formes du christianisme qu'on rencontre en Orient. Les points de doctrine qui les séparent sont souvent d'apparence spécieuse. En réalité, comme nous l'avons vu pour les musulmans, là aussi les différences de religion, de langue liturgique servent surtout à aider à conserver la persistance nationale, sous les invasions successives.

La première division des chrétiens remonte au Concile de Chalcédoine en 451 : les uns prétendaient que la nature divine absorbait tout ce qui était humain en Jésus-Christ, et qu'il n'avait par conséquent qu'une nature; ce sont les monophysites. Les autres, au contraire, séparent complètement l'élément divin de l'élément humain et attribuent à Jésus deux personnalités distinctes; c'était la doctrine du patriarche de Constantinople Nestorius, qui, intronisé en 428, déposé en 431, par le concile d'Ephèse, mourut en 440.

A la croyance monophysite appartiennent : les Arméniens dits Grégoriens (grande Arménie, petite Arménie, Syrie, et les villes d'Egypte fortes colonies aux Etats-Unis). Ils ont pour chefs religieux le Catholicos d'Etchmiadzin, au pied du mont Ararat, et le Catholicos de Cilicie, Sahag II, actuellement réfugié à Alep. Il y a un patriarche arménien à Constantinople, Mgr. Zaven. La langue du culte est l'arménien ancien.

Les Syriens Jacobites ou Anciens, qui ont comme langue liturgique le syriaque (langue syrienne ancienne); on les trouve à Diarbékir, à Mardin, au Kurdistan dans la Syrie du Nord. Leur patriarche réside normalement à Deir-Zafaran, près de Mardin. Ils sont de tendances plutôt anglophiles; ils ont été massacrés en grande partie par les Turcs pendant les guerres, depuis 1914.

Les Coptes d'Egypte, qui parlaient encore la langue des Pharaons lors de la conquête de l'Egypte par Bonaparte, mais qui l'ont abandonnée actuellement, leur patriarche réside au Caire ou à Alexandrie;

Les Abyssins, qui emploient la langue amharique.

A la deuxième croyance appartiennent :

Les Nestoriens, répandus en Mésopotamie, au Kurdistan, en Perse, sur la côte de Malabar (aux Indes); leur patriarche réside au Kurdistan. Ils suivent généralement l'influence anglaise.

Les chrétiens qui, en Orient, étaient restés fidèles à la croyance romaine (une seule personne et deux natures) se séparèrent d'elle en 858 à l'époque de Photius (820-891): il y eut une brève réconciliation, puis la séparation définitive au xi$^e$ siècle, sous le patriarcat de Michel Cérulaire. L'église de Byzance prit le nom d'église orthodoxe; elle a un patriarche à Constantinople; les Kémalistes viennent d'obliger les orthodoxes d'Asie Mineure à nommer un patriarche spécial et à abandonner le grec ancien comme langue liturgique et à employer le turc. La même obligation a, d'ailleurs, été imposée aux Arméniens.

Il y a également des orthodoxes en Syrie. Mais ce sont des Syriens de race sémitique, qui tout en respectant la suprématie du patriarche orthodoxe de Constantinople, veulent un clergé national de leur race. Ils ont été les fervents appuis de l'influence russe au temps des tsars, y trouvant d'ailleurs d'appréciables profits. En général, ils ne sont pas favorables à l'influence française. On les désigne souvent sous le nom de Melkites (de l'arabe Malik, roi) parce qu'ils avaient suivi le parti de l'empereur de Byzance à l'époque de la séparation des monophysites. Ces orthodoxes, arabophones, ont deux patriarches : l'un à Jérusalem' dans l'orbe anglaise; l'autre à Antioche.

Enfin, le catholicisme romain a toujours conservé des fidèles en Orient, appartenant au rite latin, ou à un des rites orientaux dits unis, parce qu'ils ont accepté la suprématie du pape, tout en conservant leur autonomie, et principalement leur langue liturgique.

Sans parler des Croisades qu'il avait dirigées ou inspirées, nous devons citer :

Les Maronites, alliés des croisés, de Saint-Louis notamment, de Bonaparte; peuple français de langue, qui dans le passé, a donné des preuves d'attachement à la France, affreusement décimé pendant la dernière guerre par une savante organisation turque de la famine, qui a fait périr ces malheureux par centaines de mille. S'il vous arrive de passer à Beyrouth, recherchez les photographies représentant les groupes d'enfants recueillis à notre entrée dans cette ville : c'est épouvantable à regarder, même pour quelqu'un qui a vu la guerre précédente.

Les Maronites emploient comme langue liturgique la langue syrienne; ils obéissent à un patriarche qui réside à Djouni (port au nord de Beyrouth). Ils ont de nombreuses colonies en Egypte et avaient une colonie à Akbès en Cilicie, détruite par les kémalistes en 1920. Ce sont de véritables Français.

Ils ont beaucoup émigré en Amérique, surtout en 1920, où ces départs causèrent de l'inquiétude sur l'avenir de leur pays. C'est un peuple instruit. « Le

Liban est un des pays du monde où l'on compte le moins d'illettrés (1) ».

Le pape Léon XIII, pendant son brillant pontificat, porta particulièrement son attention sur l'Orient, en vue d'essayer d'y rallier les églises séparées à celles de Rome. Une réorganisation complète des circonscriptions d'action des différents ordres religieux fut opérée; on peut la résumer ainsi :

Les dominicains : Mossoul, la Mésopotamie, Diarbékir.

Les jésuites, qui cédaient aux lazaristes leur centre de Constantinople, devaient travailler l'Arménie et l'Asie Mineure, de la Méditerranée à la mer Noire.

Il faut rendre hommage à l'œuvre considérable, et de langue française, accomplie par ces ordres, dans des conditions précaires et avec un succès incontestable. Mais, en 1914, les Allemands et Turcs, ruinèrent tout ce magnifique travail. Avec une ardeur admirable et silencieuse, tous avaient repris leur œuvre après l'armistice de 1918. Malheureusement, les kémalistes viennent une fois encore de fermer nos écoles de Marache à Trébizonde et de Konia à Sivas, jetant les professeurs, hommes ou femmes, sur le pavé, confisquant tout leur avoir, les traitant avec la plus grande dureté, parce que « les écoles françaises sont des foyers de troubles » (numéro 71 du *Yeni Adana* du 12 avril 1921).

Heureusement, le grand centre de Beyrouth reste intact et pourra servir de centre de réorganisation pour le sud de l'ancien empire turc. Mais la reconstitution du centre principal de Constantinople, et de sa zone d'action est d'une nécessité évidente et urgente.

---

(1) L. DE CONTENSON : *Les réformes en Turquie d'Asie*, 1913.

Les desseins de Léon XIII pour le ralliement des Eglises séparées n'ont guère eu pour conséquence que des pourparlers d'entente, desquels il semble surtout résulter que ces différences de doctrine sont seulement le prétexte à conserver la langue, la vie nationale; en se ralliant à l'Eglise catholique, on craint de perdre cette individualité : la masse se méfie et refuse, les dirigeants appréhendent de perdre leur situation politique. De sorte qu'un résultat important paraît bien peu probable.

Néanmoins, moyennant de très larges concessions qui vont jusqu'à autoriser le mariage des prêtres et à ne pas imposer le latin comme langue sacrée, il a été constitué, en Orient, des églises dites « unies », dérivées des églises dissidentes, mais ralliées avec des modalités variées à la prédominance spirituelle du siège pontifical.

Les plus notables sont :

Les Arméniens catholiques, qui ont toujours été d'inclinaison francophile, mais sont relativement peu nombreux (il y en avait 5.000 en Cilicie, quelques groupes au Liban et dans les grandes villes). D'esprit plus discipliné que les Arméniens grégoriens, ils sont un bon élément de tranquillité;

Les Chaldéens, convertis des Nestoriens et répandus dans les mêmes pays qu'eux, ils sont très francophiles, c'est une race pauvre, simple, guerrière, vigoureuse. Ils ont écrit une belle page pendant la guerre, autour d'Ourmiah, en luttant contre les Turcs. Livrés par la débâcle russe, par la retraite anglaise de Bakou et du nord de la Perse, les Chaldéens ont été massacrés d'une façon effroyable;

Les Grecs catholiques ou syriaques, auxquels on donne fréquemment aussi, le nom de melkites, comme aux orthodoxes qui leur correspondent : communauté riche, particulièrement nombreuse au Liban, à Damas, au Haouran, en Egypte. Leur patriarche réside à Damas ou au Haouran. Leurs langues lithurgiques sont le grec ou l'arabe. Ils sont très francophiles;

Les Latins, qui descendent des Génois établis à Galata; on trouve des Latins indigènes en Palestine, au Liban; ils sont dirigés par le patriarche latin de Jérusalem et par les délégués apostoliques de Beyrouth et de Bagdad;

Les Syriens catholiques ou Assyriens, qu'on trouve au Liban, à l'Anti-Liban, à Damas, en Mésopotamie. Cette église unie s'est beaucoup augmentée depuis une trentaine d'années aux dépens des Syriens jacobites. Ces deux chrétientés vivent, d'ailleurs, en bons termes. Le patriarche assyrien réside normalement à Mardin. Actuellement, il est réfugié près de Beyrouth, à Charté;

Les Coptes catholiques, les Abyssins catholiques ont quelques représentants en Syrie et surtout à Jérusalem.

On rencontre en Orient, également, des missions protestantes; elles sont allemandes, anglaises, américaines. On ne peut que déplorer l'absence complète des missions protestantes françaises, qui abandonnent sans lutte une place où elles seraient bien accueillies, et il est bien désirable de voir combler cette lacune. Elle est d'autant plus regrettable que les protestants syriens de langue française sont nombreux; à Tarsous notamment, il en existe un groupement d'environ 500, qui a toujours fait preuve des meilleurs sentiments à notre égard.

*Missions allemandes.* — Les missions allemandes étaient récentes; elles étaient répandues un peu par-

tout, mais s'occupaient surtout des colonies allemandes comme Haïfa où s'était créée une véritable ville bo-
che, avec jeunes filles aux tresses blondes, écoliers à
lunettes, chapeaux verts à plumes, gros souliers et sac
sur le dos. En général, ces missions avaient surtout
pour but de grouper les émigrants allemands et de
leur donner de la cohésion et une direction. Cependant, le long du Bagdadbahn, il avait été constitué
des établissements dans les villes importantes, et en
certains points intéressants, qui essayaient de créer
une opinion indigène germanophile.

La clause XIX de l'armistice du 31 octobre 1918
spécifiait que « all germans and austrians, naval, mi-
litary and civilian were to be évacuated within one
month from Turkish Dominions, those in remote dis-
trict as soon after as may be possible » (1).

Cet article subit bien des exceptions; ce n'est qu'au
début de 1920 que les derniers missionnaires allemands, hommes et femmes, quittaient la Cilicie (or-
phelinat arménien de Harounié, au nord-ouest d'Osmanié), pour aller d'ailleurs rejoindre les missions
américaines d'Aïntab et de Marache.

Les missions allemandes n'ont pas eu d'influence
durable sur les populations.

*Missions américaines.* — Déjà anciennes, floris-
santes, riches, on en trouve en Syrie, notamment à
Beyrouth où elles ont créé une faculté rivale de celle
des jésuites, dans toutes les villes de Cilicie, à Aïntab,
Alep, Marache, et dans toute l'Asie Mineure. Elles ont
tendu à faire d'Aïntab un centre de langue anglaise.
A l'heure actuelle, elles ont des relations suivies avec

---

(1) Tous les sujets allemands et autrichiens, marins, militaires ou
civils, seront évacués dans le délai d'un mois de tout le territoire
turc et, dans les districts éloignés, aussitôt que possible.

les kémalistes, qui leur ont notamment confié plusieurs établissements scolaires ou hospitaliers français qu'ils ont confisqués, après en avoir expulsé le personnel. Mais cela ne va pas sans certaines concessions que bien des Américains ne supportent pas volontiers, malgré les avantages qu'on en espère. Ces missions gardent toujours quelque caractère mercantile. Les hôpitaux sont généralement payants.

Les Américains en Syrie ont surtout cherché à recruter des adhérents parmi les Maronites et les Arméniens. Un détail donnera une idée du caractère de leurs établissements : à Beyrouth, les étudiants musulmans de leur Faculté sont obligés d'assister au prêche du dimanche.

Chez les Arméniens protestants, la langue employée par les pasteurs américains et par leurs auxiliaires est le turc écrit en caractères arméniens.

L'influence des missions américaines s'exerce peu en notre faveur. On y préfère le maintien du régime turc, qui laissait plus de liberté d'affaires et justifiait les campagnes de charité faites en Amérique.

*Missions anglaises.* — Se trouvent principalement à Jérusalem, en Palestine, en Galilée. Elles s'adressent surtout aux Grecs orthodoxes arabophones; on en trouve au Kurdistan, cherchant à recruter des adhérents parmi les nestoriens. En Cilicie, elles sont beaucoup moins actives que les missions américaines et représentées surtout par le « Lord Mayor's Relief Fund », dont le directeur à Adana était officier de l'Intelligence Office en Cilicie pendant la guerre.

Pour compléter cette rapide énumération, il est nécessaire de dire quelques mots des juifs de la Palestine.

Il y a, en Palestine, trois fractions juives distinctes :

Les Aschkenazim (juifs allemands, russes, polonais) qui comprennent : les Péroschim (Pharisiens); les Khasidim (Puritains), moins nombreux, ayant des colonies à Tibériade, à Safed, et obéissant à un chef religieux qui porte le titre de Zadik;

Les Séphardim, presque tous anciens sujets ottomans, dont le chef religieux portait le titre de Hakim-Pacha ou Chacham-Pacha, au temps des Turcs, avait une garde spéciale et avait la juridiction sur tous les séphardim de Palestine;

Les Karaïm, Karaïtes ou Jérusalémites, originaires d'Egypte.

Il faut, en outre, mentionner les Samaritains, de Naplouse, qui ont un pentateuque (torah) antérieur à notre ère, ne se marient qu'entre eux, et ont pour lieu de pèlerinage le djebel Tor (mont Garizin), où ils croient qu'aura lieu la résurrection.

Les quatre villes saintes, au point de vue israélite, sont Jérusalem, Hébron, Safed et Tibériade. Les prières prescrites par le talmud doivent y être dites deux fois par semaine, au moins.

On se souvient qu'après la destruction de Jérusalem (Titus, 70) et pour empêcher sa reconstitution, l'empereur Hadrien dispersa le peuple hébreu et interdit à tout juif d'approcher de la ville de Jérusalem (130). L'empereur Constantin autorisa un pèlerinage annuel jusqu'à la portée de la vue de la ville. Plus tard, moyennant tribut spécial, l'autorité romaine toléra le pèlerinage des ruines du temple.

Le khalife Omar, ayant construit une mosquée, qui porte son nom, sur l'emplacement du temple, la ville de Jérusalem est devenue un lieu de pèlerinage pour les musulmans, et, étant donné en outre les traditions chrétiennes, il ne semble pas qu'on puisse trouver une solution possible satisfaisant ces prétentions opposées.

Damas. — Place du télégraphe.

Damas. — La Dervicherie.

Bien que la France ait eu en mains un instrument d'influence admirable remarquablement organisé, l'Alliance Israélite, qui a répandu la langue française, et par suite notre action, dans tous les ports de la Méditerranée (1) elle a laissé l'Angleterre accaparer le sionisme, devenu question britannique, et la Palestine, où tout était français. Aujourd'hui, la Palestine est sous mandat anglais. Elle a pour haut-commissaire un israélite de Londres, sir Herbert Samuel. Une émigration juive notable se produit et est encouragée.

Mais cela ne va pas sans difficulté.

Les musulmans ont le nombre (515.000 musulmans contre 63.000 chrétiens et 65.000 juifs) (2); ils avaient le pouvoir, ils ne se résignent pas. Pour eux, la mosquée d'Omar, l'un des quatre khalifes élus, est aussi sainte que La Mecque ou Médine. Or, cette mosquée est bâtie sur l'emplacement présumé de l'ancien temple de Salomon.

Les chrétiens ne peuvent admettre que leur pays sacré retombe sous la domination des juifs.

Les juifs eux-mêmes ne sont pas sans être divisés sur la question du sionisme.

Ceux qui se sont créé une patrie et une situation ailleurs se refusent à l'abandonner.'

D'autre part, les immigrants viennent surtout des pays où ils sont nombreux et maltraités : Russie, Pologne, Roumanie, Allemagne. Ils arrivent avec des idées bolchevistes ou favorables à l'Allemagne; presque tous parlent allemand ou au moins yedish. C'est là un danger réel.

---

(1) L'Ecole de l'Alliance Israélite à Tripoli a été démolie par les Italiens sous prétexte d'alignement de la ville, d'après un projet qui n'a jamais reçu que ce commencement d'exécution.

(2) *Les droits de la France en Orient*, par Eugène GODEFROY. (Documentation catholique).

Puis, cet essai de reconstitution souffre par la base :
il n'y a pas de paysans juifs. Quand on leur donne des
terres, ils les louent aux Arabes.

Et, enfin, la Palestine est en grande partie un pays
pauvre, sec, aride.

Il semble qu'on essaie en ce moment de trouver l'emplacement du temple de Salomon hors de la mosquée
d'Omar, ce qui serait déjà une amélioration à une situation qui paraît sans issue.

Nul ne peut dire quel sera le sort de cette tentative
de reconstitution du peuple juif. Le certain est que
l'Angleterre tient dans ses mains tous les centres religieux importants (La Mecque et Médine, Kerbela,
Bombay, Delhi, Lhassa, Jérusalem), à part Rome. On
a pensé y remédier dans une certaine mesure en créant
à Paris un grand centre musulman qui ferait contre-
poids, idée qui d'ailleurs est encore très discutée, mais
qui paraît cependant logique et justifiée à condition
qu'elle reste un centre islamique religieux sans devenir foyer politique panislamique.

Le mouvement kémaliste, né en février 1919, a été
créé par des officiers qui craignaient le licenciement,
par des fonctionnaires qui voyaient arriver leur suppression par la réduction de l'Etat turc, à l'instigation
d'officiers allemands et russes bolchevistes, antérieu-
rement à toute opération grecque à Smyrne et en vio-
lation de l'armistice de Moudros.

La population lui est restée hostile (répression de
la région de Konia en 1920) ou indifférente, jusqu'au
moment où l'intervention grecque lui a donné un caractère de lutte nationale. Mais encore maintenant, le
fond de l'opinion populaire turque demeure dévoué
au Padishah Kalifa, seul principe stable en Orient.

Du reste, le chef d'escadrons Lyautey, alors au
Tonkin, a répondu d'avance, en 1894, aux esprits

superficiels qui sont restés en admiration devant ce mouvement, en lui donnant les qualités d'un patriotisme analogue au nôtre :

« Devenus nos amis, sûrs de nous, ayant besoin de nous, les mandarins n'auront qu'à parler pour que tout se pacifie à autrement moins de frais et plus sûrement qu'avec toutes les colonnes. *Ils sont avant tout hommes de gouvernement et non patriotes, nationaux, mots creux* (1). »

L'entente entre kémalistes, bolchevistes et pangermanistes est restée constante : il n'y a qu'à constater qu'Enver Pacha, à Berlin, à Moscou, au Turkestan, en Afghanistan, est toujours présent lorsque se produisent des négociations intéressant le gouvernement d'Angora.

Il s'agit donc là d'une hostilité qui ne pouvait que s'accroître par les concessions répétées qu'on lui a faites en 1920, 1921 et au début de 1922 et qui reste un danger pour l'Europe.

### B. — Notions ethniques.

Après cette étude succincte des différentes religions, donnons maintenant quelques indications ethniques. Il arrivera fréquemment qu'elles se confondront avec les précédentes, notamment en Asie Mineure, parce que les cloisons religieuses sont justement une des formes de la défense de la vie particulière des différentes races ou nationalités.

*Afrique du Nord.* — Le fond de la population de l'Afrique du Nord appartient à la race berbère, ainsi que les travaux de Chantre et Bertholon (*Recherches*

___

(1) *La bataille du Maroc* (Louis Barthou).

*anthropologiques dans la Berbérie orientale)* l'ont prouvé d'une manière qui paraît indiscutable.

Ces Berbères ont couvert tout le pays, de notre plateau central aux Canaries et au Nil; dans toute l'Afrique septentrionale on retrouve leur écriture lybique, dont le téfinagh, l'écriture des Touareg, est le dernier vestige.

Cette race paraît résulter surtout de deux courants de population, toutes deux dolicochéphales, l'un petit et brun, l'autre, grand, blond, nordique. Et ce n'est pas sans intérêt qu'on voit cette conclusion des deux auteurs cités plus haut, se confirmer par le témoignage des livres puniques de Hiempsal II qui, nous dit Salluste, rapportaient que l'armée d'Hercule, à la mort de celui-ci, traversa le détroit de Gibraltar, et vint s'établir : les Perses, avec les Gétules, sur l'Atlantique, pour former les Numides, et les Arméniens et Mèdes, avec les Lybiens, sur la Méditerranée, pour former les Maures.

Cette race berbère n'a pour ainsi dire pas été influencée par les invasions arabes, et a gardé, en leur donnant des noms arabes, ses coutumes romaines. D'ailleurs, les Bédouins sortis de l'Arabie, étaient arrivés en Syrie dénués de toute idée de gouvernement et avaient adopté celles des Romains-Byzantins. Ce n'est que celles-là qu'ils pouvaient apporter avec eux.

Un autre exemple de cette persistance de l'organisation romaine se voit dans l'installation des sultans turcs à Constantinople, où ils prirent exactement les habitudes des empereurs byzantins, leur gouvernement se bornant, à leur exemple, à aspirer les ressources des provinces pour faire vivre la maison du souverain.

Ces considérations sur les Berbères ne sont pas

oiseuses, car elles amènent à penser que les paysans de l'Aurès ou de l'Atlas, apparentés à nos populations de la Lozère et de la Corse, peuvent se transformer comme elles avec le temps et la persévérance.

Mais, dira-t-on, ce sont des Musulmans, par conséquent immuables.

L'islam est une religion comme les autres, qui ne comporte pas plus d'immobilité que les autres. Rien n'est immuable sur la terre. Il y faut du temps, de la persévérance, du tact, c'est évident, mais la possibilité ne peut être mise en doute.

Certes, le Berbère a toujours été religieux, d'Apulée à Saint-Augustin; les Africains romains dont les œuvres nous sont parvenues ont tous ce caractère religieux (Gaston Boissier : *L'Afrique romaine*).

Ajoutons, d'ailleurs, que les Rómains sont restés sept siècles en Afrique; il ne faut pas être pressé, mais il ne faut pas, non plus, renoncer dès l'abord.

La plus grande faute que l'on peut commettre c'est, sous prétexte du légitime respect dû à la religion islamique, de se faire le serviteur de l'idée panislamique, idée politique inventée par Guillaume II et Abd-ul-Hamid, et exploitée actuellement par Lénine, Enver-Pacha et Moustapha-Kémal.

Cette politique qui tend à réunir tous les musulmans sous la domination turque est un danger pour la civilisation, car la race turque n'a jamais montré d'idées d'administration et d'organisation.

Il n'y a pas d'ingénieurs turcs, pas d'architectes turcs : il faut recourir au chrétien pour y suppléer.

La plus belle époque turque a été celle des janissaires (les Yéni-Tchéri, la nouvelle armée) qui, organisés par Orkhan au XIVᵉ siècle, un siècle avant les troupes nationales de Charles VII, étaient devenus une milice recrutée exclusivement avec les enfants mâles enlevés aux chrétiens. Lorsque Mahmoud II, en 1826-1827, fit exterminer 80.000 janissaires et supprima cette milice, il renonça du même coup à faire enlever les enfants mâles de ses sujets chrétiens.

Dès lors, ceux-ci se renforcèrent à tel point que le gouvernement turc, pour maintenir sa suprématie, dut recourir périodiquement à des massacres organisés, de plus en plus fréquents, qui amenèrent des interventions de plus en plus vives des puissances européennes, et sans lesquelles il ne peut cependant espérer conserver sa domination.

En face de l'erreur commise, en cédant au panislamisme avec lequel on ne peut espérer ni paix, ni repos, surtout depuis qu'il s'est fait l'instrument du bolchevisme (incidents de Tunisie, refus de Moustapha-Kémal de les désavouer 1922), il faut voir la politique suivie au Maroc, où on a refait un sultan, un maghzen, en rendant plus vivace la vie nationale. Sous ce point de vue, et à l'imitation de Rome, qui n'a jamais persécuté les religions des peuples conquis, mais qui les a favorisées et adoptées, la création de l'Institut musulman de Paris est de bonne politique.

Seulement, loin d'y prôner le kémalisme, il serait préférable d'y rappeler les souvenirs d'Averrohès et de la Faculté de Montpellier : l'islam est arabe.

L'islam berbère a d'ailleurs montré de tous temps une tolérance qu'il faut noter : il y avait encore un évêque catholique à Fez en 1227, au temps des autodafés, et le pape a eu longtemps des relations avec les souverains de Bougie. Il y a eu des chrétiens indigènes à Tunis jusqu'en 1550.

« Les Turcs, dès leur arrivée, ont fait preuve en Ifrikya d'un véritable fanatisme. On ne saurait établir de comparaison, nous le répétons, entre les beys de Tunis et la conduite des sultans berbères du moyen âge. Ce sont les Turcs qui ont donné à la religion musulmane cet esprit nouveau et qui ont inauguré la haine du chrétien. Leurs instincts de cruauté s'accommodaient parfaitement de cette intransigeance implacable. Mais rien de pareil ne se vit jamais en Afrique avant leur arrivée, et l'on peut dire que le fanatisme religieux fut presque inconnu de la race berbère. » (Victor PIQUET : *Les civilisations de l'Afrique du Nord*, 1909.)

Enfin, la Conférence de la paix, dans un passage frappant, répondait à la première délégation turque : « On ne trouve pas un seul cas en Europe, en Asie, ou en Afrique où l'établissement de la domination turque sur un pays n'ait été suivie d'une diminution de sa prospérité matérielle et d'un abaissement de son niveau de culture, et on ne trouve pas non plus de cas où le retrait de la domination turque n'ait été suivi d'un accroissement de la prospérité matérielle et d'une élévation du niveau de culture. »

Mais il faut ajouter que le régime turc, très corrompu, est tout à fait favorable à des opérations financières qui ont déjà coûté des milliards à l'épargne française; l'étude des conversions successives des emprunts, de leurs différentes consolidations, et des coups de Bourse qui les ont accompagnées est particulièrement suggestive, et fait comprendre pourquoi ce régime trouve des défenseurs acharnés.

La conclusion de l'ensemble de ces considérations est que les habitants du Nord de l'Afrique ne doivent être considérés comme immuables, ni par le fait de leur race, ni par le fait de leur religion.

N'oublions pas, d'ailleurs, que la population de l'Afrique du Nord française est évaluée à plus de 9 millions d'indigènes, plus d'un million d'Européens (dont 800.000 Français), plus de 150.000 israélites, et que tout en poursuivant cette transformation de l'indigène, affaire de siècles et d'écoles de filles, nous devons poursuivre le peuplement français demandé par Prévost Paradol ; cela se peut sans inconvénient, car l'Allemagne a 120 habitants au kilomètre carré, la France 74 et le Maroc 7. La place ne manque donc pas, sans léser personne, au contraire.

Les Berbères du Nord de l'Afrique forment les groupements notables suivants qu'il est bon de connaître :

En Tunisie, les tribus montagnardes.

En Algérie, les grands groupements de la Kabylie et de l'Aurès sont restés Berbères purs.

Au Maroc, on distingue quatre groupements :

1° Les Riffains, de la zone espagnole et de la vallée de l'Ouergha, populations fixes habitant des villages du genre de ceux de la Kabylie et de l'Aurès ;

2° Les Beni-Ouaraïn (soumis depuis 1921) et les Aït-Marmoucha, Aït-Youssi, Aït-Tserouchen (dont la soumission est prévue pour 1922), forment le groupement oriental, habitant des montagnes élevées (le Bou-Iblane atteint 3.500 mètres entre le Sebou et la Moulouya ;

3° Les Zaïan-Chleuh, à l'est de la falaise zaïane qui borde l'Oum-er-Rbia, ils se relient par la trouée oued Abid - Haute Moulouïa avec les groupes berbères du Sahara ;

4° Les Berbères sahariens (Berabers, Filaliens, habitants du Sous) en partie encore insoumis.

D'une manière générale, d'ailleurs, toute la population de l'Afrique du Nord est berbère, malgré les apparences et les prétentions des tribus de la plaine ou de hauts-plateaux qui se disent arabes, et qui ne sont en réalité que des Berbères arabisants.

Sur ce fonds de population sont venus se superposer les Arabes en petit nombre, avec Sidi Okba ben Nafé, au vii° siècle ; puis au viii° siècle, avec Hassan, et qui ne s'établirent guère que dans les villes servant de cadres aux peuples berbères ; ce n'est qu'à l'époque des invasions hilaliennes où Ibn-Khakdoum les compare aux sauterelles, qu'ils s'établirent dans les campagnes après les avoir ravagées.

Les Mzabites, réfugiés au désert, où ils ont construit les cinq villes du Mzab et qu'on pense descendre des Carthaginois.

Les Koughourlis, fils de Turcs et de femmes indigènes ; on les trouve dans les anciennes garnisons turques, principalement à Tlemcen et Nédroma ; ils se considèrent comme une aristocratie.

Les juifs, presque tous de langue espagnole.

On sait que les juifs, expulsés d'Espagne sous Philippe III, en même temps que les Moriscos, les descendants des Maures qui étaient restés sous le couvert de la conversion au catholicisme, se réfugièrent en grand nombre dans le Midi de la France. Malgré la résistance du Parlement de Languedoc, Henri IV leur fit donner bon accueil et beaucoup s'établirent dans le pays. Pour ceux qui ne voulurent pas rester en France, il les fit transporter par ses navires dans les ports de la Méditerranée qu'ils choisirent et qui furent principalement Tunis, Salonique et Constantinople ; c'est ce qui explique l'usage de la langue espagnole par les juifs de Salonique et de Constantinople, qui paraît surprenant au premier abord. Le roi Henri IV donnait ainsi une indication politique sur la protection à accorder à ces populations industrieuses et commerçantes, qui a été reprise par l'Angleterre au cours de la dernière guerre.

On trouve en outre des villages nègres, dans les vil-

les importantes, faubourgs dont la population est
constituée d'anciens esclaves ou de leurs descendants,
et où l'on peut retrouver des traces des traditions de
toutes les peuplades nègres du Soudan.

Fez. — Vue du jardin de Si Abdel Krim ben Sliman (1903.)
(Photographie du capitaine BREMOND)

*Orient.* — Les populations de l'Orient peuvent se
diviser en quatre catégories :

Les populations aryennes ou iraniennes (indo-européennes) ;

Les populations sémitiques ;

Les populations mongoles et touraniennes (qu'on appelle encore ouralo-altaïques) ;

Les populations autochtones.

Avant d'entamer l'énumérations des différentes races ou populations de l'Asie Mineure, il est nécessaire, pour faciliter la compréhension de ce chapitre, de rappeler les éléments de préhistoire tels qu'ils sont admis aujourd'hui.

La plus ancienne civilisation méditerranéenne est celle dite minœéenne (île de Crète), vers le xxx° siècle avant notre ère.

Elle appartient à des peuples probablement apparentés aux Hittites ou Hittéens qui peuplaient l'Asie Mineure de la Syrie à la mer Noire, aux Akkads ou Sumers de la Basse-Chaldée et aux Géorgiens et aux Berbères.

Au xxix° siècle, les Minéens naviguaient de la Syrie à l'Espagne et avaient des colonies sur les côtes de la Méditerranée et de la mer Noire.

Quelques siècles plus tard, les Aryens, encore complètement barbares, apparurent dans les steppes au nord de la mer Noire.

Les premiers furent les Phrygiens, les Pélasges.

Les Philistins de Palestine étaient des Pélasges. Battus par Ramsès IV (vers le xv° siècle), une partie d'entre eux apparurent au Maroc et y établirent une sorte de religion préjudaïque.

A ces mouvements, qui durent des siècles, se rattachent les invasions celtes ou gauloises, issues de la Bactriane et dont un courant va coloniser la Galatie (région d'Angora); les Celtes passent le Rhin au vii° siècle et les invasions arméniennes qui, partie de Thrace par le Bosphore, la côte de Smyrne et la Cilicie, vont s'établir autour du massif de l'Ararat.

En même temps, du xxiv° au xxii° siècle, les Sémites, chassés de Chaldée par les invasions, paraissant venir du désert arabique, apparaissent sur la Mé-

Djeddah. — Les pèlerins français devant le consulat de France (1917).

Une rue du Mellah à Meknès, juillet 1909. (Photographie du capitaine Brémond).

diterranée. En tête marchent les Phéniciens, qui vont remplacer les Minéens, et pousseront jusqu'aux îles Cassitérides et au sud de l'Afrique. Toute la Chaldée et l'Assyrie sont sémites.

Les colonies grecques apparaissent dans les îles et sur les côtes d'Asie Mineure au xii<sup>e</sup> siècle.

Les Mèdes et les Perses, populations aryennes, renversent les Empires assyriens et chaldéens sémites, l'Empire perse a son plus grand développement sous Darius, au v<sup>e</sup> siècle, où il s'étend du Danube jusqu'à l'Indus.

Il est renversé par les Macédoniens, tandis que les Grecs prennent la plus grande part de l'activité commerciale et colonisatrice des Phéniciens.

Ce rappel des origines des populations que nous allons énumérer était nécessaire pour permettre de comprendre leur inextricable enchevêtrement.

A. — POPULATIONS INDO-EUROPÉENNES.

On trouve parmi les populations indo-européennes en Asie Mineure :

Les Grecs ou Hellènes, répandus sur les côtes ou restés dans l'intérieur depuis la chute de Byzance; race travailleuse, intelligente, très patriote, d'une diplomatie et d'une souplesse qui lui permettent de traverser toutes les difficultés. Vous entendrez beaucoup médire d'eux. Certes, ils y prêtent le flanc. Mais n'oubliez pas que le général Bourbaki, l'ancien turco, l'ancien commandant de la garde impériale, était un Grec pur; et parlez aux anciens du Maroc du commandant Prokos, de la légion étrangère, qui a fini d'une balle dans la tête en marchant à l'assaut. C'est certainement une des races qui a le plus d'avenir en Orient. Notez aussi que beaucoup de leurs dirigeants ont fait leurs

études en Allemagne et qu'il y a eu sur eux un effort
de germanisation de deux générations. Mais un fait
certain est qu'on ne peut pas espérer une bonne situation commerciale dans le proche Orient sans leur concours. Ils sont d'ailleurs de relations aimables et fa-
ciles à gouverner.

Les Arméniens, originaires de la Thrace, qui se
trouvaient, avant la période de massacres commencée
en 1895, dans toutes les villes et notamment à Constantinople, où leur supériorité d'intelligence, de travail, leur avait fait auprès des sultans une place analogue à celle qu'ils ont eue sous les empereurs de Byzance (quatorze de ces empereurs étaient Arméniens);
ils formaient des fractions importantes, parfois la majorité de la population dans les six vilayets arméniens
et dans la région de Kars, Tiflis, en Arménie russe.
On les trouvait aussi nombreux en Cilicie, à Marache,
Aïntab; ils formaient une petite république indépendante à Zeitoun, dont Napoléon III eut à prendre la
protection. Les massacres des Tatars russes (les Cent
Noirs à Batoum) avant la guerre, leur extermination
pendant la guerre (on estime que les Turcs ont massa-
cré 800.000 Arméniens), leur ont porté des coups ter-
ribles. Mais c'est une race étonnamment prolifique,
que rien ne désespère, qui est restée paysanne malgré
l'effet habituel des persécutions et qui est animée d'un
patriotisme indestructible. Que cette race ait vingt-
cinq ans de sécurité et, avec la fécondité volontaire et
résolue de ses mères de famille, elle remplira le pays.
C'est du reste le sentiment très exact qu'en ont les
Turcs, et c'est ce qui est la cause des massacres répétés et de plus en plus étendus. Les Arméniens n'ont
jamais montré de cohésion disciplinée au cours de
leur histoire. Les persécutions n'ont fait que développer cette tournure d'esprit, poussée parfois jusqu'à

l'anarchie. La sécurité et une direction ferme remettraient tout en bonne voie. La solidarité des Arméniens entre eux contre une ingérence étrangère quelconque est absolue, même s'il s'agit d'un criminel qu'on désapprouve. Cette race a des chances d'avenir si grandes qu'il est de bonne politique d'avoir avec elle de bonnes relations. Mais ses malheurs lui ont fait perdre la faculté d'avoir confiance facilement.

Les Kurdes, qui sont travaillés en ce moment par un besoin de profiter de la crise actuelle pour se libérer des Turcs. Ils sont en majorité Alevis, avec une organisation féodale qui rappelle beaucoup celle des caïds de l'Atlas marocain. En janvier 1920, la colonne Marty allait d'Aïntab à Islahié; attaquée par les Turcs, elle fut recueillie à son arrivée sur le territoire du chef kurde Souleiman-Agha, que j'avais vu le 4 novembre 1919 à Osmanié; les hommes furent abrités (il neigeait) et nourris. C'est une race antique, dont parle Xénophon. Les Kurdes sont très paysans, leurs terres sont bien cultivées; ils ont, depuis une trentaine d'années, un mouvement d'émigration vers l'ouest : un groupement kurde s'est constitué à Tarsous. Au nombre de 70.000 ou 80.000 tous les ans, ils dévalent en Cilicie pour la moisson. Des milliers viennent louer des terres pour sept mois; ils labourent, sèment, récoltent, et, la récolte vendue, rentrent chez eux. Mais ils commencent à amener leurs familles et à s'établir dans le pays. Ils se savent de notre race européenne et le disent avec orgueil.

Les Circassiens (1) (Tcherkess en turc), d'origine caucasique. A la suite de la conquête du Caucase,

---

(1) *La Cilicie et le problème ottoman*, par Pierre REDAN, préface de René PINON.

Jérusalem — Porte de Jaffa.

Jérusalem — Le Haremech Chérif.

fuyant la domination russe, ils se sont répandus en Turquie d'Asie où ils espéraient se reconstituer en état indépendant, ce qui reste leur rêve avoué. Mais les sultans les dispersèrent dans tout leur empire, les plaçant surtout aux points où ils avaient des difficultés à résoudre, notamment tout autour de la région bédouine. Leur organisation en tribus ressemble à celle des Touaregs du Sahara, tribus nobles, suzeraines, tribus vassales. Certaines des tribus ont un chef héréditaire et lui obéissent aveuglément. Brillants cavaliers, cultivateurs avisés, musulmans assez tièdes, ils affichent un loyalisme personnel envers le sultan, mais repoussent toute ingérence turque chez eux. En 1919, à Adana, les officiers et les sous-officiers des escadrons tcherkess que nous formions à Osmanié et à Sis ont formellement refusé d'obéir aux officiers et sous-officiers turcs que j'avais chargés de les instruire.

Si un groupement tcherkess était constitué, il apparaît qu'il serait un élément stable en Asie Mineure; les Tcherkess sont désireux de progrès et aptes à les réaliser. On peut avoir confiance dans leur parole, lorsqu'elle a été donnée.

Leur nombre restreint ne semble pas leur permettre de grandes ambitions. Mais la constitution d'un Etat circassien apparaît désirable et devant donner de bons résultats de pacification.

Il n'est pas inutile de rappeler que Bekir Sami Bey, qui fut un négociateur des affaires ottomanes à Paris, est un Tcherkess. Il eut une conduite résolument francophile au cours de la guerre, notamment à Beyrouth, et c'est une raison qui l'a fait désavouer par Angora.

## B. — Population sémitique.

Les populations sémitiques représentent un des éléments les plus anciens de l'Orient; la limite de leur habitat est à peu près marquée par le Taurus, Diarbékir (fondée par les Arabes lors de leur invasion musulmane) et Mossoul. La reine Zénobie, qui fonda Palmyre, était souveraine d'un royaume arabe qui tint Rome en échec et enleva l'Egypte. Mais il faut se garder de croire que tout ce qui est arabophone est véritablement arabe, et surtout hedjazien. L'Islam du début était arabe; mais, à son époque la plus brillante, il oscillait entre Damas et Bagdad et avait perdu son caractère bédouin du début.

On peut distinguer :

La population syrienne arabe, groupée dans et autour de Damas, d'Alep et de Beyrouth; population policée, fine, spirituelle, désireuse de sécurité et de liberté.

Les grandes tribus, telles que les Anazeh et les Beni Chammar. Se souvenir du roman-histoire de Fat-Allah, écrit par Lamartine sur M. de Lascaris, envoyé de Napoléon Ier, chargé d'ouvrir la route des Indes, et qui eut à lutter contre une Anglaise, Lady Stanhope, qui inaugurait dès lors le rôle que joue actuellement le colonel Lawrence : nous avons déjà vu, au Maroc, le caïd Mac-Léan; l'expérience montre donc que ces sortes de questions ne sont pas sans solution possible, si on en a la volonté. Ces tribus, sorties d'Arabie au xviie siècle, ont des organisations analogues à celles que nous avons trouvées fréquemment dans l'Afrique du Nord. Elles ne paraissent pas susceptibles de perfectionnement à brève échéance.

Il faut s'estimer heureux de vivre avec elles en bonnes relations, sans plus. Leur mobilité d'esprit, le caractère souvent mesquin des ambitions de leurs dirigeants, obligent à une surveillance avisée, constante et toujours en éveil. Le meilleur moyen d'action qu'on possède est de leur faciliter la vente de leurs récoltes de céréales, de leurs troupeaux : la richesse conseille la tranquillité.

M. Vinckler considère « l'Arabie comme l'habitat primitif des sémites : par flots successifs, Babyloniens, Cananéens, Phéniciens et Juifs, Assyriens, Arméniens seraient sortis de l'Arabie à la façon de l'invasion musulmane » (1).

Cette hypothèse, si elle n'est pas certaine, vous donne cependant un fil conducteur pour essayer de vous débrouiller dans ce chaos de peuples.

D'une manière générale, les sémites, plus intelligents, supportent mal la domination des Touraniens et leur rêve a toujours été de la secouer. Mais le conquérant, mongol ou turc, alliant avec habileté la brutalité et la diplomatie qui divise pour régner, avait su maintenir son joug jusqu'à la dernière guerre. Les forces turques de Bassorah à Adana ne se montaient guère qu'à une dizaine de mille hommes.

Lors de l'arrivée des troupes britanniques de l'armée d'Egypte, en octobre 1918, et de quelques éléments sous les drapeaux français qui y comptaient, la réception de la population syrienne fut enthousiaste.

---

(1) *Le Sultan, l'Islam et les puissances*, par Victor Bérard. — *Les Arabes en Syrie avant l'Islam*, par R. Dussaud. — Les Arméniens viennent de Thrace et non d'Arabie, et sont de race européenne.

## C. — Populations mongoles ou touraniennes.

Les invasions asiatiques vers l'Ouest ont été conti-
nues, même avant la période historique. Il suffit, pour
s'en convaincre, de citer les noms des tribus de race
jaune qui sortirent des déserts du Turkhestan, comme
les sémites sortaient des déserts de l'Arabie, comme
les invasions sahariennes s'abattirent sur le Maroc à
coups répétés. L'histoire nous parle ainsi des Scythes,
des Huns, des Alains, des Bulgares, des Avares, des
Hongrois, des Khozares, des Comans, des Mongols,
des Tartares (1).

Les premières tribus turques franchirent l'Oxus et
se mirent à la solde des khalifes abassides vers l'an
mille.

La première invasion mongole, celle de Gengis-
Khan (capitale Karakorum, Empire de 1.700 lieues de
longueur, xiii° siècle), vint détruire le premier Empire
turc. Cette invasion était complètement indifférente en
matière religieuse et, par le fait, elle favorisa plutôt
les chrétiens, en détruisant le pouvoir seldjoukide,
basé sur l'Islam.

Ce n'est qu'au xiii° siècle que Othman I⁰ʳ (1259-1326)
jeta les bases de la Turquie en fondant un Etat, dit
« Ottoman », dans la région de Nicée. Cet Etat se dé-
veloppait rapidement lorsque se produisit l'invasion
de Timour-Leng (1336-1405). Bajazet I⁰ʳ fut écrasé à
Angora et fait prisonnier (1402). L'invasion de Timour-
Leng était nettement musulmane, au contraire de celle
de Gengis-Khan. Les éléments dirigeants de cette invasion étaient d'ailleurs très apparentés aux Turcs.

Ce n'est qu'après l'écroulement de l'Empire de Ti-

---

(1) *Histoire des Arabes*, par A. Sédillot.

mour-Leng que les Ottomans reprirent leur développement, dont l'apogée fut marquée par les sièges de
Vienne (xvii° siècle).

Depuis cette époque, la décadence de cet Etat a été
continue. Malgré l'effort de la France et de l'Angleterre en 1854, malgré l'appui de l'Allemagne dans ces
trente dernières années, jamais il n'a donné l'impression qu'il était capable de se ressaisir et d'arrêter sa
chute. L'ambassadeur des Etats-Unis à Constantinople, Morgenthau, un des hommes qui connaissent le
mieux l'Orient, a pu écrire : « La vérité est que le Turc
n'est pas perfectible. »

Certes, le Turc a des côtés séduisants; M. Bom-
pard, qui fut ambassadeur de la République française
à Constantinople, dans un de ses récents récits sur l'intervention turque contre nous, racontait qu'Enver-
Pacha, au début de septembre 1914, cartes allemandes étalées sur sa table, au sortir d'une conférence faite
par les officiers allemands sur la victoire qu'ils
croyaient tenir, savait dissimuler sa joie et trouver
des paroles aimables pour la déguiser; trop souvent,
en effet, cette courtoisie n'est que de la dissimulation;
plus elle est grande, plus il faut se méfier.

Elle n'est pas d'ailleurs absolue : le vali Djelal-Bey,
à Adana, chez moi, au cours d'une diatribe contre la
France et les Français, s'emportait au point d'ôter son
tarbouche et de le jeter à terre. Mais c'est là un cas de
franchise exceptionnel, auquel l'alcool n'était pas
étranger, et sur lequel vous ne devez pas compter.

Il est de coutume de parler de l'amitié traditionnelle
de la France et de la Turquie; il ne faut pas oublier
que, de François I⁰ʳ à nos jours, les périodes d'hostilité ont été plus fréquentes qu'on ne le croirait d'après
cette affirmation.

La part prise par Louis XIV à la bataille de Saint-

Gottard (ou du Raab), aux guerres de la Méditerranée
(Candie); les expéditions turco-anglaises contre Bonaparte en Egypte, puis contre nos garnisons des îles Io-
niennes et du sud de la Dalmatie; les relations tendues
au moment de nos développements dans l'Afrique du
Nord; l'attitude hostile anglo-turque contre notre allié Méhémet Ali sous Louis-Philippe; le fait que notre
ambassadeur était obligé de quitter l'ambassade six
mois après la signature du traité de Paris, terminant
la guerre de Crimée, l'intervention en Syrie en 1860;
les difficultés répétées qui amenaient M. Constant, en
1901, à faire faire une démonstration navale, et enfin
la guerre de 1914, alors que nous venions de prêter
500 millions qui ont servi contre nous, voilà des faits
qui ne doivent pas être oubliés. Il ne faut pas omet-
tre non plus que, depuis une trentaine d'années, un
effort méthodique de germanisation a été effectué en
Turquie; les Jeunes-Turcs ont essayé de réagir contre cette tendance manifeste du sultan  Abd-ul-Hamid;
ils n'ont pas pu y échapper, ce qui montre la force de
cette emprise, qu'il serait vain de penser pouvoir
effacer autrement que par un effort de durée et d'intensité comparables; de belles paroles n'y peuvent
suffire.

Il est évident, d'autre part, que les Turcs, pour
avoir été si longtemps oppresseurs, ne peuvent pas
être livrés par nous à leur tour à l'oppression et qu'ils
ont droit à la vie nationale; mais n'oublions pas les
précautions qui ont été prises contre leurs parents
de race, les Hongrois et les Bulgares, qui présentaient
cependant des garanties bien supérieures.

Ces considérations générales ont paru nécessaires
pour bien préciser les origines de la situation actuelle
des Touraniens en Asie Mineure.

Les Touraniens tirent leur appellation du pays de

Touran, nom persan qui désigne la région au nord de l'Iran (1). Ils sont représentés dans l'Asie Mineure surtout par :

Les Turcs proprement dits, qui ont colonisé la vaste cuvette sablonneuse, d'allure désertique, qui s'étend de Konia à Angora et qui leur rappelait leur pays d'origine. En dehors de cette région, ils ont surtout fourni des cadres aux pays conquis où ils restent campés, à part quelques circonscriptions qu'il serait facile d'énumérer. (A noter, dans cette région, la Galatie qui fut colonisée par des Gaulois sortis du nord du Caucase.)

Au fur et à mesure que des peuples indépendants se sont formés aux dépens de l'ancien Empire turc, les Turcs y ont disparu très rapidement, presque complètement. Leur raison d'être était surtout le fonctionnarisme; cette ressource leur manquant, ils se repliaient en majeure partie vers le pays resté sous la domination turque, sans laisser de traces.

Il faut lire, dans Victor Bérard (*Le Sultan, l'Islam et les Puissances*), le portrait qu'il fait de ce conquérant : « Le gros Turc, à la tête volumineuse, à la forte ossature, aux lourdes lèvres et bajoues, et dont la corpulence remplit exactement l'ample culotte et le gilet rebondi. »

La famille turque de classe bourgeoise a peu d'enfants; les paysans ont été décimés par les 500.000 hommes qu'Abd-ul-Hamid a fait périr au Yémen, pour essayer de conquérir l'Arabie; par les 1.100.000 à 1.200.000 morts, au cours de cette guerre, de misère et de typhus; par ceux qui continuent à périr dans les guerres kémalistes. Soldat solide, mais inerte, le Turc a des qualités défensives connues. Il est voué à la dé-

---

(1) *Grammaire de la langue turque* (Introduction), par J. DENY.

Jérusa'em. — Vue sur le Mont des Oliviers.

Jérusalem — Le Saint Sépulcre.

faite en face d'un adversaire qui manœuvre. La misère du peuple, l'impossibilité où il est de labourer, sont des causes de diminution qui peuvent atteindre la limite.

D'autant plus que le Turc ignore le commerce et l'industrie. Il est terrien; la mer lui est peu sympathique, à une époque où la vie des peuples est de plus en plus liée à leur existence maritime.

Les qualités de discipline même du Turc lui sont contraires, car, n'ayant jamais eu de cadres nationaux assez instruits et assez honnêtes pour le diriger, il devient la proie du premier aventurier audacieux et décidé.

Il y a bien une opinion qui comprend cette situation et essaie de réagir; elle tourne ses regards vers le sultan, resté tout-puissant dans le cœur du peuple; mais qu'est devenu le souverain, ombre de Dieu sur la terre, depuis qu'il a perdu la mobilité de ses ancêtres et qu'il s'est confiné dans les palais de Stamboul? Abd-ul-Hamid, souverain intelligent, mais terrorisé par la crainte de l'assassinat, a eu l'influence la plus déprimante et la plus mauvaise sur la Turquie. Il l'a épuisée, dans ses projets de conquête arabique et, surtout, il l'a courbée sous un joug odieux d'espionnage et de suspicion, d'exécutions sommaires et de sommeil intellectuel absolu. Aucune race d'Europe n'aurait supporté pareil régime.

Les autres Touraniens qui sont représentés par des fractions notables sont :

Les Tatars ou Tartares, soit qu'ils demeurent depuis Timour-Leng et ses successeurs, soit plutôt qu'ils viennent du Caucase, de la Crimée. On parle encore turc en Crimée et la bataille de l'Alma tire son nom du mot turc « Alma » qui signifie : « la pomme ». C'est un élément ondoyant dans lequel on ne peut pas avoir confiance sans réticence.

Les Turkmènes, ou Turcomans, généralement nomades, venant du Turkestan occidental; quelques éléments sont devenus parfois sédentaires; on en trouve dans toute l'Asie Mineure et jusqu'en Perse; c'est un élément conquérant qui ne se mêle pas aux populations et avec lequel il convient de prendre toutes précautions.

### D. — Populations autochtones.

En dehors des grandes divisions que nous venons de citer, il existe des groupements ou des essaims de populations qui proviennent des peuples qui ont occupé autrefois le pays et ont été isolés, submergés ou dispersés par les différentes conquêtes; les plus remarquables sont :

Les Libanais, qui habitent le massif montagneux du Liban, dont les pics atteignent 3.000 mètres. Presque tous catholiques, ils parlent un bel arabe. Malheureusement, les Turcs les ont fait périr de famine par centaines de mille et, depuis l'occupation française, une émigration notable vers l'Amérique s'est produite avec une telle intensité qu'elle a attiré l'attention. Il serait désirable, au moins, si on ne peut enrayer ce mouvement, de le diriger sur notre Afrique du Nord, où il nous donnerait un excellent élément de peuplement. Les Libanais sont de race sémite.

Les Druzes, leurs voisins et, de par les excitations des gouvernements turcs, leurs ennemis, habitent le massif du Djebel Hauran. « Ni Turcs, ni Arabes, ni chrétiens, ni musulmans, les Druzes vivaient en marge des lois et des religions officielles, sous la seule autorité de leurs cheikhs...; des missionnaires de Stamboul tentèrent de déraciner les superstitions que ce peuple a héritées de dix ou vingt cultes et qui font de sa religion un pot-pourri indescriptible. » (Victor Bérard, ouvrage cité.)

Les Druzes ont été très travaillés par les agents anglais qui les opposaient aux maronites francophiles, et ce sont eux qui causèrent l'expédition de Syrie (Beaufort d'Hautpoul) qui, malheureusement, ne fut pas poussée à fond comme les circonstances le permettaient : manque de résultats dont les conséquences nous sont lourdes encore aujourd'hui.

Les Ansarieh ou Nocairi (terme péjoratif), ou Alevis, de langue arabe et se disant Arabes. Ils forment deux groupements, l'un dans la région de Latakieh - Tripoli, l'autre dans la Cilicie, où ils atteignaient le nombre de 100.000 à 120.000 environ. Ils n'ont pas de caractères sémitiques. On a fait sur leurs origines des hypothèses que rien ne permet encore de dire certaines. A-t-on affaire aux descendants des Assyriens ou à des populations byzantines ou méditerranéennes? Ils ont des chefs politiques et religieux apparents, mais obéissent surtout aux ordres de chefs religieux non avoués publiquement. Ils se réclament des croyances alévis et vont à la mosquée avec les Turcs. Mais leurs femmes ne se voilent que devant les Turcs et il y a des mariages avec les chrétiens.

Les Kizilbach (têtes rouges, terme péjoratif), répandus de l'Euphrate à la mer Noire, cultivateurs, doux, timides, méprisés et brutalisés par les Turcs; ils se réclament également des croyances alevis, refuge des opprimés et de ceux qui ne veulent pas abdiquer et disparaître. On a cru remarquer que les lieux de leur culte secret coïncident souvent avec les an-

ciens temples des Ilittites et on a conclu qu'ils en
étaient les descendants : la question est ouverte.

Les Assyriens, Chaldéens, Nestoriens, restes des
anciennes populations de Babylone et de Ninive, races de paysans et de commerçants qui ont étendu
leurs relations jusqu'à la Chine. Ils viennent d'être
affreusement éprouvés par les massacres turcs. Mais
la fécondité de leurs femmes, voulue et raisonnée,
assurera leur relèvement en peu de temps si nous
parvenons à empêcher qu'on continue à les massacrer. Malheureusement, en 1920, en Cilicie, ils ont
encore éprouvé des pertes sensibles; presque tous
travaillent aux champs.

Leur centre d'attraction était Mardine. Les catholiques sont francophiles, les Nestoriens, qui se trouvent surtout dans la vallée du Tigre (Mossoul), s'orien-
tent vers l'influence protestante anglaise.

Les Tziganes, formant des groupes assez nombreux
dans certaines villes, gens de désordre, de vols et
d'assassinats, qu'on trouve dans toutes les émeutes
et dans lesquels on ne peut avoir aucune confiance.

Enfin, outre ces populations, vous trouverez des
sujets isolés, Indiens, Persans, Chinois, qui sont généralement des gens dignes d'attention, car ils voya-
gent souvent dans un but de panislamisme xéno-
phobe; vous trouverez aussi des villages isolés ayant
maintenu depuis des siècles leur langue et leurs coutumes; c'est ainsi que le colonel Normand a décou-
vert, en 1919, des villages grecs de population restée
byzantine, dans la haute vallée du Zamenti Sou. En
somme, nous trouvons en Asie Mineure des races, des
nationalités, des religions qui se juxtaposent sans se
mélanger et rendent presque impossible la constitution de nations ou d'États indépendants, d'autant
plus qu'aucune de ces races n'est susceptible de gérer

avec justice et équité les affaires communes : il y faudra une éducation de durée.

Dans cette étude succincte, je n'ai pour ainsi dire pas donné de chiffres : c'est qu'il est difficile de rien dire en l'absence de toute statistique désintéressée. En particulier, les statistiques du gouvernement ottoman ne méritent pas de confiance. Il faut y remarquer l'art avec lequel on mêle la notion de turc et de musulman. Les statistiques des chefs religieux ont une valeur plus grande, parce qu'elles servent de bases aux redevances qui leur sont payées, mais on y trouve aussi des erreurs voulues, ayant pour but de grandir l'importance de leur communauté. On peut ajouter quelque intérêt aux chiffres donnés par Vital-Cuinet dans son magistral ouvrage sur la Turquie, qui reste la base de l'étude du pays, bien que déjà ancien (1881); mais, fonctionnaire de la Dette ottomane, tenu à plaire, il n'a donné que des chiffres qui puissent plaire. L'Annuaire oriental, publié à Constantinople avec autorisation du gouvernement ottoman, par une firme anglaise, donne des chiffres auxquels on peut avoir plus de confiance que dans les précédents  et qui ont le plus de chance de se rapprocher de la vérité d'avant-guerre. Dans son *Essai sur les nationalités* (1917), J. de Morgan, avec la grande autorité qui s'attache à son nom, a donné des chiffres basés sur les notes qu'il a prises lui-même au cours de ses voyages  et qui sont dignes d'attention. Mais ils sont aussi antérieurs à la guerre.

Il est cependant quelques chiffres qu'il faut connaître.

La population de l'Afrique du Nord française, d'après les documents les plus récents, est de 9.553.000 musulmans, 1.063.000 Européens (dont environ 800.000 Français) et 140.000 israélites. La population du Maroc français est de 3.200.000 musulmans, 850.000 Européens et 80.000 israélites, avec deux villes de plus de 100.000 habitants : Marrakech et Casablanca.

La zone spéciale de Tanger compte 50.000 musulmans, 12.000 Européens et 12.000 israélites.

La Syrie française a environ 2.800.000 habitants, la Cilicie avait environ 400.000 habitants (dont 80.000 environ ont émigré pour ne pas tomber aux mains des kémalistes).

Comparons l'Indo-Chine, qui a 20 millions d'habitants.

Quelques chiffres sur les superficies :

Le Maroc français a environ 450.000 kilomètres carrés, le Maroc espagnol 22.000 kilomètres carrés (dont 10.000 sont occupés).

La zone de Tanger a 392 kilomètres carrés, la Syrie est une bande de côte de 400 kilomètres de longueur, d'une profondeur moyenne de 150 kilomètres, soit 60.000 kilomètres carrés, et l'Indo-Chine 800.000 kilomètres carrés.

Les forces d'occupation au Maroc français sont de 75.000 hommes, dont 20.000 Français; au Maroc espagnol, de 150.000 hommes; elles étaient au Levant de 77.000 hommes, dont 17.000 formaient la première division en Cilicie.

Les projets de réorganisation de l'armée prévoient :

Pour le Maroc français : 71.000 hommes, dont 15.500 Français;

Pour la Syrie et Constantinople : 43.800 hommes, dont 16.500 Français.

Le Maroc a coûté à la France, au 31 décembre 1921 (depuis août 1917), 2.549.000.000 de francs. A la fin de 1922, les dépenses n'atteindront pas 3 milliards et demi, dont 15 millions de dépenses civiles, le reste étant payé par le budget marocain proprement dit, qui, en outre, assure l'amortissement et l'intérêt des emprunts de 1904 (62 millions et demi), de 1910 (90 millions) et de 1916 (242 millions) plus l'emprunt voté en 1921 de 700 millions, en voie de réalisation.

La Syrie demandait, en décembre 1920, pour 1921, 1 milliard 200 millions; elle a demandé en décembre 1921, pour 1922, 150 millions de crédits civils, que le Parlement, d'accord avec le gouvernement, a remené à 50 millions. La Cilicie, du 1ᵉʳ janvier 1921 au 4 janvier 1922, où elle a été remise aux kémalistes, a coûté à la France 600.000 francs de dépenses civiles, le reste étant payé par les impôts locaux. Les dépenses militaires en Syrie pour le deuxième semestre 1922 sont évaluées à 120 millions.

Ces chiffres donnent les moyens de comparer les procédés employés.

Cette brève esquisse ne saurait être considérée que comme un canevas des études à faire. Ne les croyez pas inutiles : elles vous permettront d'épargner le sang de nos soldats, l'argent de nos contribuables; elles vous permettront d'attirer à la France des sympathies et des concours qui aideront à son rétablissement. Celà vaut bien, n'est-ce pas, que vous en preniez la peine.

Le principe qui doit dominer, ce que vous retiendrez de cette énumération et les études qu'elle vous inspirera, je l'espère, c'est que vous représentez la France, ses aspirations et ses principes dans votre petite sphère; vous devez donc traiter toutes les races sur le même pied d'égalité et de justice, vous efforçant d'utiliser leurs qualités, d'atténuer leurs défauts, de leur donner toutes les habitudes et les libertés des peuples libres dont le premier est de n'opprimer personne. Soyez indulgent pour les faiblesses, résultats

de longs siècles de misère; ne vous croyez pas par-
fait et surtout ne vous imaginez pas qu'on le croit.
Et souvenez-vous que la plus grande vertu de la
France, de par le monde, est peut-être sa probité,
malgré de tristes exceptions. Vous constaterez vite
que cette probité n'est pas universelle : le monde est
ainsi fait.

Pour terminer, je vous citerai que J. de Morgan
signale le fait qu'au Daghestan, on parle cent vingt
langues différentes et que le colonel Normand me
disait avoir relevé, à Bakou, des écriteaux en quatorze écritures distinctes.

La conclusion s'impose : tout ce monde a besoin
d'une langue intermédiaire. Jusqu'ici, le français avait
cet emploi et cet avenir. Le laisserons-nous supplan-
ter par l'anglais?

### IV. — Renseignements sur la vie à mener et sur le séjour des familles.

Le plus grave écueil que vous rencontrerez est l'iso-
lement, qui conduit à se borner aux soins matériels
de la vie. Recherchez toutes les distractions intellec-
tuelles; c'est le meilleur antidote. Si loin soyez-vous,
ayez une armoire à livres. Histoire, géographie, langues du pays, voilà plus de sujets qu'il n'en faut.

Mais ne négligez pas le côté matériel : perfectionnez
votre installation; ayez une bonne table, riante et
confortable. Vous verrez souvent l'officier chef de
popote s'acquitter de sa besogne comme d'une cor-
vée; il a tort. Un bon chef de popote est la base d'un
poste. Il remplit une mission d'importance primordiale, chacun doit l'y aider, surtout en s'astrei-
gnant à arriver à l'heure exacte des repas. N'oubliez
pas, d'ailleurs, que l'emploi de chef de popote n'est

pas toujours agréable; soyez-lui indulgent; ne ménagez pas vos éloges et, quand votre tour viendra d'être chargé de ce service, n'épargnez pas votre peine.

Au point de vue de la boisson, les Anglais ont fréquemment l'habitude de s'abstenir d'alcool tant que le soleil est au-dessus de l'horizon. C'est une bonne habitude.

L'abstention complète d'alcool ne paraît pas s'imposer. Vers la fin de septembre, quand l'organisme est affaibli par l'été, il vous arrivera parfois, au contraire, d'avoir envie d'un peu d'alcool; le « whisky and soda » britannique est très opportun, à condition que la dose de whisky reste faible. Il constitue une boisson de table agréable, facile à transporter et bien souvent préférable au vin frelaté ou avarié que vous trouverez.

Quand l'été arrive, réprimez l'envie de boire qui vous viendra. Si vous pouvez vous habituer aux boissons chaudes, thé et surtout bouillon, vous aurez trouvé un moyen de vous désaltérer excellent et qui vous remontera, au lieu de vous déprimer comme la boisson fraîche.

Les vieux règlements interdisaient de boire en marche. Ils avaient été faits pour les pays septentrionaux : mais, évidemment, les grognards d'Egypte n'y avaient pas fait prédominer leur expérience. La vérité est qu'il faut boire pour remplacer le liquide perdu par la sudation, mais boire modérément et non par grande masse.

Le commandant Théodore Pain, qui a eu une si grande influence sur les Chambâa, avait pris leur habitude de ne boire qu'une fois par jour, lorsqu'on ouvre les outres d'eau, à l'arrivée à l'étape. Il me disait que, toute la journée, il pensait à la joie qu'il aurait à boire le soir; au bivouac, il mangeait, et seulement après il buvait. Je lui ai vu vider d'un trait une gamelle à quatre hommes et en redemander (juillet 1905), près de Sidi-Aïssa. Cette manière de faire est commode, notamment parce qu'elle permet de régler la distribution d'eau. Mais elle ne peut s'appliquer à des hommes marchant à pied.

L'emploi de la glace est fonction de votre estomac. C'est une telle volupté de boire frais, quand il fait très chaud, qu'il n'est pas logique de s'en priver, sous réserve de ne pas en abuser. La glace est absolument nécessaire (insolations, accès fébrile, etc...), et tous les postes devraient en être pourvus. Faute de glace, des hommes meurent : la question n'est donc pas discutable.

Au point de vue hygiène proprement dite, nous entrons sur le terrain réservé au docteur; il ne saurait être question, évidemment, de se substituer à lui. Mais — vous vous en apercevrez bien vite — le médecin lui aussi a besoin d'apprendre dans le pays nouveau où il arrive. Et, d'autre part, vous devez être son auxiliaire, car il a des besognes multiples : assistance médicale, service d'hôpital, etc.

Je me souviens que je ne suis sorti de Saint-Cyr qu'avec des connaissances fort imprécises sur la fièvre typhoïde et le paludisme. J'ai appris ce qui concernait la première en la contractant en Algérie, et le second à Madagascar. Je suis aujourd'hui persuadé que, si j'avais su ce que j'ai appris ainsi, j'aurais évité ces maladies, pour la grande part.

Les quelques notions qui suivent répondent à cette pensée.

La première est que le soleil est l'ennemi. Certes, il est le désinfectant par excellence; il lui arrive même, comme à Djeddah, en juillet, de tuer les mouches.

Mais il faut s'en méfier néanmoins. Le casque est de rigueur dès le premier rayon de soleil. Un de mes officiers est mort à Yambo, sur la mer Rouge, pour être sorti en képi à 6 heures du matin, par un ciel couvert absolument bouché : le soleil est là, et il tape.

Par contre, à partir de 16 heures, bien qu'il soit encore chaud, il n'a plus d'action nocive aussi marquée.

La réverbération du sol et surtout de l'eau, aux heures chaudes, est dangereuse. Ayez des lorgnons noirs ou jaunes.

La pêche, le bain, aux heures chaudes, sont dangereux. Tout cela se paie par des insolations et des accès de fièvre : au Levant, il se produit des accès de forme tropicale très dangereux, rares heureusement.

Il faut ensuite vous garer, autant que faire se peut, des parasites : les puces donnent la peste; les mouches, le choléra et les affections intestinales; les poux. le typhus exanthématique; les moustiques, le paludisme et, enfin, les punaises amènent vite un épuisement maladif.

Les puces, dans les pays sans voiries, à maison de bois, apparaissent innombrables. J'en ai vu grouiller sur les places d'Andohalo, à Tananarive, le 1er octobre 1895, le marché de Casablanca le 7 juillet 1907, au point de devenir une cause de souffrances. Il faut porter des vêtements fermés (houseaux ou bandes molletières), dormir avec les manches boutonnées. Le meilleur préservatif est de se verser de la poudre de pyrèthre à l'intérieur du col. Le crésyl, le pétrole, répandus sur le sol, donnent de bons résultats. Veillez sur vos hommes : les bivouacs, dans les champs de céréales, à la saison des puces, peuvent amener un état de fatigue très grand avec accès de fièvre consécutifs. Si vous n'avez pas d'autres moyens, faites nettoyer le sol par le feu. On ne craint d'ailleurs plus la peste, le vaccin étant très efficace.

Les mouches disparaissent par la propreté. Je vous citerai ce que j'ai vu dans les camps anglais du Sinaï; 150.000 hommes, 50.000 chameaux, une cavalerie de 12.000 chevaux; dans aucun camp il n'y avait de mouches. Conséquemment, les hommes reposaient pendant la sieste, leurs aliments n'étaient pas souillés et contaminés par les mouches, ils restaient dans les rangs au lieu d'encombrer les formations sanitaires.

Les moyens employés étaient très modestes, contrairement à ce qu'on croit; ils réussissaient surtout parce que l'Anglais est propre, qu'il a une éducation d'hygiène que même beaucoup d'officiers ne possèdent pas chez nous et qu'il s'y conforme du soldat au commandant d'armée.

Il n'est pas inutile d'énumérer quelques-uns des procédés employés pour arriver à ce résultat digne de faire notre envie et notre admiration. Car, au milieu de cette masse d'hommes de toutes races (Egyptiens, Indiens, Antillais, Jaunes, etc...), on n'aurait pu découvrir ni une ordure ni un papier maculé, je dis *pas* un, car je n'y en ai jamais vu *un seul.*

Chaque camp avait plusieurs fours incinérateurs, qui fonctionnaient constamment; c'était, en général, simplement une feuille de tôle pliée en gouttière, percée de nombreux trous et posée sur deux chevalets. Les ordures étaient brûlées au fur et à mesure qu'elles se produisaient, notamment les boîtes de conserve, aussitôt ouvertes et vidées, étaient passées au feu : on sait quel réceptable à œufs de mouches elles constituent.

Le système primitif des feuillées était absolument proscrit. Avant même que le camp s'installe, on voyait placer sur l'une des faces, sous le vent habituel, une rangée de sièges en bois, à couvercle se rabattant dès que la place n'était plus occupée; des tinettes mobiles, en partie remplies de paille, étaient placées aussitôt. Leur contenu était brûlé périodiquement  et — détail qui ne doit pas faire sourire, car c'est avec ces procédés qu'on garde les hommes dans le rang au lieu de les envoyer à l'hôpital ou au cimetière — le papier hygiénique était mis à portée. Lorsque le camp durait, le procédé était perfectionné; une gouttière conduisait l'excrément liquide dans une fosse *ad hoc*, remplie de boîtes de conserves fournies par le four incinérateur et recouverte d'une couche de terre damée.

Des urinoirs étaient constitués par une sorte de tuyau de poële coupé à la hauteur voulue et se déversant dans l'une de ces fosses à boîtes de conserves. J'ai vu un général d'armée faire 200 ou 300 mètres pour s'y rendre, et, chose encore plus remarquable, son cuisinier faisant le même trajet pour aller verser ses eaux grasses, et cela sans souiller le sol le moins du monde.

Les Egyptiens même s'étaient pliés à ces habitudes.

Ces détails praraîtront prosaïques, voire un tantinet répugnants; mais lisez Montaigne, vous verrez qu'il recommande comme un conseil utile de savoir vivre, d'avoir une conversation vive et animée quand on est à la garde-robe  qui, de son temps, était à plusieurs places.

Les punaises, en privant l'homme de sommeil, amènent rapidement une dépression physique et morale très grande; au Maroc comme en Orient, elles sont répandues partout. Après quelques jours de lutte, on arrive à s'en débarrasser. Mais il faut rester attentif. Un retour offensif est toujours à redouter. Dans certaines régions, comme autour d'Ourmiah et dans le

Environs de Damas. — Panorama pris du Mont Kasyoun. Vue sur le Baradat.

Damas — Panorama pris de la Citadelle

nord-ouest de la Perse, les punaises passent pour particulièrement féroces  et on leur attribue même la mort de plusieurs voyageurs connus du xix° siècle. Si nous avions le nettoyage par le vide, on se débarrasserait vite de ces insectes immondes et surtout de leurs œufs. En attendant l'heureuse époque où ce système sera entré dans nos possibilités, il faut recourir aux insecticides connus et, parmi eux : poudre de pyrèthre, formol, pulvérisation de sublimé dans les cloisons en planches et les parquets, lavages au crésyl, au pétrole, exposition fréquente de la literie et des tapis au soleil que la punaise ne peut supporter; coucher avec des vêtements fermés aux poignets et aux pieds, après y avoir préalablement mis de la poudre de pyrèthre. Il faut particulièrement protéger les enfants, qui endurent de véritables souffrances du fait de ces parasites.

Protégez le  sommeil de vos hommes; vérifiez leur couchage; votre troupe sera épuisée en quelques semaines de nuits chaudes, si vous n'avez pas pensé à cette question. Elle doit être l'objet de toute votre attention.

Le pou est habituel aussi bien au Maroc qu'en Orient. Ne prenez pas l'air dégoûté; Louis XIV, le roi-soleil, en avait — ce fut là une des causes de l'habitude de la perruque — et nous en avons eu dans les tranchées. Prenez-y garde; cet immonde insecte apporte le typhus exanthématique, contre lequel la science est encore à peu près désarmée. De fréquents lavages au savon, en laissant un peu de savon sur la peau, du linge souvent renouvelé, la désinfection répétée des vêtements et du couchage, voilà les moyens de défense à pratiquer et surtout à imposer à tous.

Les moustiques peuvent devenir une obsession. J'ai vu des hommes pleurer de découragement et de fatigue à cause d'eux. Ayez une moustiquaire et ne dormez jamais sans l'utiliser. Obligez chacun à s'en servir.

On peut lutter contre les moustiques et les faire disparaître. A Khartoum, groupement de 500.000 habitants, au confluent des deux Nils, on dort sans moustiquaire. Mais des équipes sanitaires sans cesse en mouvement recherchent et font disparaître toute flaque d'eau, tout endroit où peut vivre et se développer la larve. D'ailleurs, les habitants chez lesquels on découvre des larves sont punis d'amende. Vous voyez que, par une recherche active, aidé du médecin, vous pourrez améliorer votre situation lorsque vous aurez une résidence fixe. Néanmoins, dans les pays à moustiques, prenez de la quinine préventive. Chacun a un système personnel : l'important est que vous ayez toujours de la quinine en circulation dans le sang. Vous n'éviterez pas l'accès, mais il sera atténué. Retenez-en l'avis et, lorsque la fièvre se manifeste, diminuez votre fatigue, accroissez votre repos.

Notez qu'une des manifestations larvées de la fièvre est une très grande irritabilité; surveillez-vous pour n'en pas faire pâtir vos voisins et surtout vos subordonnés et mettez-les aussi en garde contre la mauvaise humeur de la fièvre.

Dans les pays à moustiques, faites de longues siestes; c'est autant de sommeil qui leur est pris. Et surtout faites-en faire à vos hommes, la petite tente couverte, si possible, d'une claie de feuillages et ouverte du côté du vent régnant. Un homme reposé, en bon état général, réagit bien contre l'accès de fièvre comme aussi contre le typhus.

On peut se protéger, dans une certaine mesure, contre les moustiques en brûlant du fidibus, ou simplement de la poudre de pyrèthre, dont la fumée les endort et vous permet de les tuer. Les fenêtres sont ouvertes, ils fuiront cette fumée. Mais il faut les fermer ensuite pour éviter un retour offensif. Si vous êtes installé, garnissez vos fenêtres de toiles métalliques; ayez une double porte garnie également de toile métallique. Dans l'armée britannique, cette pratique est courante : petite dépense qui évite de lourdes pertes.

Il n'est pas inutile de dire comment étaient traités chameaux et chevaux, les résultats des méthodes employées ayant été parfaits.

Lorsque le général sir Archibald Murray me fit l'honneur de me dire, au Caire, qu'il réunissait 50.000 chameaux à l'armée du désert du Sinaï, je l'engageai, d'après ce que j'avais vu dans le Sud algérien, à faire venir comme modèle une paire d'espadrilles telles qu'on les confectionne, avec semelles en peau de chameau, lui faisant prévoir la mortalité de milliers de chameaux. Il le fit d'ailleurs: mais, environ un an plus tard, il se faisait un plaisir de m'informer qu'une cinquantaine de chameaux seulement étaient morts. Comment ce résultat, de nature à modifier toute notre tactique saharienne, a-t-il été obtenu?

Les chameaux venaient de partout; j'en avais vu acheter à Djedda plusieurs centaines: j'en ai vu embarquer 1.200 à Port-Soudan; j'en ai vu passer à Khartoum des trains venant de Sennar et allant à Port-Soudan (1.200 kilomètres en chemin de fer, wagons découverts, voie de 1 mètre); je les ai vus allant par convois de Suez à El-Kantara, marchant en troupe gardée d'El-Kantara à El-Ariche. Partout le même ordre, la même propreté. Les chameaux, groupés, marchaient attachés par quatre avec une longe, soit sur un rang, soit en file, chaque groupe de quatre ayant un Egyptien conducteur vêtu d'une longue blouse bleue que nous connaissions bien. De loin, le détachement de chameaux donnait l'impression d'escadrons en colonne régulière, les officiers en tête, les serre-files sur les flancs et en arrière, dans un ordre impeccable. Au bivouac, les chameaux baraquaient alignés, attachés par la longe à un piquet, comme un cheval. Devant chaque chameau, on creusait un trou circulaire servant de mangeoire, d'un diamètre (environ 0$^m$,40) et d'une profondeur (environ 0$^m$,25) uniformes, qu'on enduisait d'une couche d'argile qui séchait au soleil et maintenait le sable. Dans ce trou, on mettait le grain, le fourrage au fur et à mesure, pour que le vent ne l'emporte pas. Pendant le gros soleil, les chameaux étaient couverts d'une housse.

Dès que le crottin se produisait, le garde d'écurie le ramassait dans une boîte *ad hoc*, avec une pelle, et allait fréquemment le jeter au four incinérateur.

On pourra trouver que ces précautions étaient coûteuses : pour ceux qui ont vu les milliers de carcasses de chameaux de nos convois de la Saoura, par exemple, elles paraissent économiques.

La cavalerie australienne comptait, à elle seule, une douzaine de mille de chevaux; en deux ans, il n'y eut que quelques cas de coliques de sable. Les précautions suivantes étaient prises : les chevaux ne mangeaient jamais par terre; des sacs ouverts étaient tendus devant eux entre des piquets, en forme de mangeoire. La même mesure, appliquée aux 200 mulets du détachement français de Port-Saïd, a donné les mêmes résultats excellents.

Bien entendu, les gardes d'écurie enlevaient le crottin au fur et à mesure et le brûlaient. Il n'y en avait jamais.

Les chevaux buvaient dans des abreuvoirs en

caoutchouc très pratiques, munis d'un filtre : jamais de sangsues.

Toutes ces mesures très simples, exigeant peu de peine, un personnel comparable au nôtre, non seulement contribuaient à l'hygiène des camps, mais conservaient chevaux et chameaux à un moment où on en avait le plus grand besoin et où il était difficile et coûteux de s'en procurer. Ce sont des exemples de dépenses économiques.

Tous les produits des combustions des fours incinérateurs étaient jetés dans une fosse creusée à proximité du camp; le médecin lui-même en surveillait l'établissement. Avant le départ, elle était remblayée, couverte d'un lacis de fils de fer barbelés et munie d'une pancarte faisant connaître sa nature : c'était la seule trace qui restait du séjour d'un camp anglais dans cet endroit.

La chasse est une distraction recommandable; elle vous fait connaître le pays, les gens et elle apporte à la popote une variété appréciable. Mais il ne faut jamais s'exposer au grand soleil et l'on ne doit s'écarter de sa troupe que si la sécurité est complète. Dans ce cas, il est bon de prévenir le village ou le douar près duquel on va et d'avoir avec soi quelqu'un qui y soit connu. Si l'on vous y offre thé ou café, acceptez, mais vous rendrez l'invitation dans la mesure convenable quand on viendra vous voir : il s'agit de faire des amis à la France.

Les assassinats d'officiers imprudemment partis à la chasse dans des pays peu sûrs ne se comptent plus. Ils sont déplorables; la troupe, se sentant menacée, exagère les précautions visibles qui sèment la défiance, laquelle est épidémique; les populations, craignant des représailles souvent légitimes, se rapprochent de l'ennemi, se séparent de vous. Donc, ne jamais chasser sans l'avis favorable du service des renseignements et, même après, être toujours sur l'œil : itinéraires et heures non connus; ne jamais chasser isolément; avoir toujours des armes de guerre avec munitions. Et si l'on est dans le doute, s'abstenir absolument. Tâchez d'avoir pour guides ou compagnons des gens du pays qui seraient responsables en cas d'accident.

Si vous commandez, interdisez la chasse au moindre indice d'agitation. Laissez crier, cela vaut mieux que de risquer de laisser assassiner.

Au bord de la mer, la voile, l'aviron, la pêche constituent des distractions agréables qui demandent un apprentissage et des directives locales.

En résumé, on fera bien d'emporter de France un fusil de chasse, de quoi confectionner des cartouches et des hameçons.

Reste la question du chien. Le mieux est de se procurer un animal acclimaté sur place. Mais méfiez-vous de la rage. Celui qui a dit que les chiens de Constantinople n'avaient pas la rage était un observateur superficiel. Et calculez où sont les Instituts Pasteurs, en pensant non pas égoïstement à vous qui, ayant les avantages du chien de chasse, pouvez en supporter les inconvénients, mais à vos voisins qui n'y sont pour rien et qui en courent pourtant les risques. On sait que le hibou trouve ses petits jolis et que le propriétaire d'un chien affirme avec fureur que sa bête n'a pas de puces.

Il nous faut maintenant aborder un sujet que les habitudes actuelles rendent délicat à traiter : celui de la femme.

Au point de vue de la troupe, seuls les organisateurs des tirailleurs sénégalais y ont pourvu. Le besoin est le même pourtant pour toutes les couleurs, et il ne suffit pas de taire cette question pour la résoudre.

La privation de femmes entraîne des déviations du sens génital que plusieurs médecins ont étudiées chez les légionnaires, les chasseurs des bataillons d'Afrique, les détenus de toutes catégories, toutes troupes où se rencontrent fréquemment, par surcroît, des dégénérés ou des anormaux dont la place serait souvent dans un établissement médical plutôt que dans nos rangs qu'ils encombrent inutilement.

Il y faut donc songer. Ce n'est pas plus ridicule de vous occuper de cette question, qui intéresse au plus haut point la santé physique et morale de votre troupe, que de veiller aux autres besoins qu'elle a. N'hésitez donc pas à le faire. Les imbéciles riront peut-être, mais vous éviterez de laisser vider votre effectif par les entrées à l'hôpital qu'entraîne la prostitution clandestine et vous empêcherez les drames démoralisateurs des amours contre nature. Il faut prendre les hommes comme ils sont.

La question des femmes est celle qui soulève le plus les craintes des populations musulmanes. C'est là une considération dominante qui est non d'origine islamique, comme on le croit généralement, mais asiatique. Nous avons eu plus de peine à faire accepter sous une forme atténuée le billet de logement, en Cilicie, aux populations chrétiennes qu'aux populations musulmanes, à cause des femmes.

Si vos hommes vont « rôdailler » loin du camp, ils vous échappent; la discipline est atteinte, les populations se dressent contre vous : il faut que vous ayez un camp de femmes à côté du vôtre. Le recrutement est affaire d'habitudes locales.

En ce qui vous concerne personnellement, il y aurait beaucoup à dire. Le célibataire excite la mé-

Damas. — Intérieur de la Mosquée des Omniades. Tombeau de saint Jean.

fiance des musulmans, qui le considèrent d'ailleu
comme une sorte de monstre, la chasteté n'étant p
une vertu en religion islamique, au contraire; vot
situation est assez délicate; il ne vous faut pas d
choir ni risquer des rivalités avec vos subordonné
dans un milieu fermé où des choses secondaires pre
nent un caractère parfois violent, ni tomber sous l'i
fluence d'une femme, agent d'un çof ou parfois 
l'adversaire. Vous n'aurez pas trop de tout votre ta
pour trouver une solution satisfaisante, à suppos
que vous y parveniez.

Souvenez-vous, pourtant, que la sieste est fai
pour dormir. Les Arabes placent l'amour non dans 
cœur, mais dans le foie; il est constant que les hab
tudes de sieste sont très mauvaises pour le foie (1); 
atteint rarement la fin de l'été sans accident, quand 
s'y est adonné; j'ai vu des camarades tomber à u
degré lamentable de faiblesse physique et surto
morale : quinze jours de route et de changement d'a
les rétablissaient mieux que tous les conseils ; co
servez votre foie en bon état; méfiez-vous des ardeu
de l'été. Et si vous n'y avez pas réussi, changez d'ai

Pendant l'hiver, vous pourrez mener la même v
qu'en France. Dès que l'été arrive, au contraire, 
faut réduire votre dépense de force. Vous ne pouve
fournir ni le même travail physique ni la même ac
tivité intellectuelle; limitez-vous, profitez de toutes le
occasions pour augmenter votre repos, votre bien
être, autant que le service le permet.

Le maréchal Bugeaud disait que la meilleure saiso
pour venir dans les pays chauds est l'été, parce qu'o
y arrive tonifié par l'hiver de France, tandis que si

(1) En arabe, on dit : « Qdjma mta nos acer », conversation du mi
lieu de l'acer, acer voulant indiquer environ 14 heures, pour signi
fier une conversation licencieuse.

après un été de France, vous passez un hiver doux avant d'aborder l'été chaud, vous êtes dans de moins bonnes conditions. Ce raisonnement paraît justifié, bien qu'il aille contre l'opinion généralement admise, mais il faut arriver équipé en été. N'oubliez pas le casque.

On ne saurait trop conseiller aux officiers d'emmener leur famille avec eux si la situation militaire qu'ils occuperont le leur permet et s'ils en ont obtenu l'autorisation préalable. Toutes sortes d'avantages en résultent, tant pour eux que pour le service. Et, tout compte fait, étant donné que le voyage est payé par l'Etat à l'aller et au retour, les budgets particuliers y trouvent leur bénéfice du fait de la vie en un seul groupe.

La nécessité d'une installation confortable, dans un endroit qui offre toute sécurité, même en l'absence du chef de famille, est évidente. C'est très réalisable.

Les enfants en bas âge doivent être l'objet d'une attention constante (lait, alimentation). La période de dentition est critique pour les nourrissons. Il faut amener les enfants à modérer leurs jeux, leurs études. A partir du mois de juin jusqu'au mois de septembre, tout effort doit leur être interdit. Les effets du paludisme sont à surveiller de près; on doit bien se persuader que tout le monde est impaludé; seules, les manifestations fébriles ou analogues varient. Avec de la quinine, un bon état général entretenu par une bonne hygiène, on n'a ordinairement pas à s'en inquiéter beaucoup.

Les enfants supportent très bien le premier été, assez bien le deuxième, généralement mal le troisième. Si l'on peut les faire estiver dans des sanatoria élevés, n'y pas manquer.

Pendant la dernière guerre, les familles des officiers anglais du Soudan et de l'Egypte ne sont pas rentrées en Angleterre parce que le général sir Archibald Murray interdisait leur retour en Egypte. La mortalité a été notable parmi les enfants très jeunes à partir du deuxième été — à ce que j'ai entendu dire — bien qu'on eût un confort appréciable.

Il est opportun de faire vacciner tout le monde contre la fièvre typhoïde : sans ce vaccin, nous n'aurions pu tenir, en 1920, en Cilicie, où les troupes ont dû fournir de gros efforts.

Pour la peste et le choléra, les vaccinations se font sur place en cas d'épidémie constatée. Les résultats sont absolument efficaces et il n'y a aucune appréhension à avoir de ces précautions. Bien entendu, l'avis du médecin est nécessaire pour toutes ces questions.

Vous trouverez pour vos enfants, à peu près partout, des facilités d'instruction suffisantes, sauf pour les études supérieures. L'inconvénient n'est pas aussi considérable qu'on pourrait le penser : beaucoup de ces enfants s'orienteront vers la vie coloniale, exigeant surtout de la pratique et du grand air. Ils n'auront pas à s'en repentir.

En général, vous résoudrez sur place les questions du service dans votre maison : ayez un personnel où tous les éléments soient représentés; résistez aux tentatives que fera chaque parti de vous imposer ses seuls ressortissants; surveillez vos conversations devant vos domestiques ou ordonnances; et surtout, veillez aux indiscrétions ou aux paroles inconsidérées de vos enfants. Soyez bien persuadé que tout ce qui se dit, tout ce qui se fait chez vous est rapporté et commenté. Et vous constaterez, en fait de renseignement, l'indice sérieux qu'est l'attitude des enfants qui décèlent l'opinion de leurs parents avec ingénuité. Méfiez-vous en.

Les démarches faites auprès des vôtres, et en particulier de votre femme, seront aussi pour vous une indication précieuse à ne pas négliger.

Dans ce pays, la femme de l'officier — surtout s'il est au service des renseignements — peut être appelée à jouer un rôle important si elle possède des connaissances suffisantes des mœurs indigènes; d'autant plus que c'est par elle et par elle seule qu'il pourra espérer se renseigner sur l'opinion dans les familles musulmanes et faire faire, auprès des femmes d'Islam, une propagande qui détruira les méfiances et attirera les concours. Tout le monde n'a pas les aptitudes nécessaires et, dans ce cas, il vaut mieux l'abstention.

La femme de l'officier doit donc se créer des relations musulmanes, avoir un jour de réception spécial où seules les femmes seront reçues. Ce pourra être un terrain de conversation entre chrétiennes et musulmanes.

Il faudra rendre les visites reçues, ce qui permettra de voir la vie musulmane de près.

Après les premiers étonnements des débuts, on s'apercevra que ce n'est pas tellement différent de notre existence qu'on se l'imagine. Certes, la femme est sans instruction, généralement sans activité. Elle aspire à la liberté et à la condition des Européennes; mais elle se soucie peu d'assumer la lourde tâche qu'accomplissent les femmes d'Europe; et, réflexion faite, elle préfère son farniente. Il est à noter que la législation turque laisse à la femme la libre disposition de ses biens, sans intervention du mari. Ce qui pèse le plus lourdement sur la femme musulmane,

c'est la facilité du divorce, qui la tient dans une i[n]
certitude continuelle de son avenir.

J'ai entendu, au Caire, une dame musulmane, fem
me d'un haut fonctionnaire égyptien, regretter [le]
temps de l'esclavage. « Lorsque nous sentions nos ma[
ris se détacher de nous, disait-elle, nous achetion[s]
une esclave qui lui servait de jouet; venait-elle à pren[
dre trop d'influence, vite nous en achetions une au[
tre et revendions la première; et ainsi nous restion[s]
la maîtresse de la maison. Aujourd'hui, ce n'est plu[s]
possible; les maris se créent de nouveaux ménage[s]
hors de nous, et notre situation est devenue beaucou[p]
plus précaire. »

Cette opinion, parfaitement logique montre com[
bien les points de vue peuvent différer et avec quell[e]
prudence il faut mesurer la portée des modification[s]
à la vie indigène.

Si la famille musulmane présente d'aussi beau[x]
caractères — et notamment individuels — que la fa[
mille européenne, elle en diffère notablement sous l[e]
rapport éducation. Chez nous, tout ce qui concern[e]
l'amour est hors de la conversation, de manière à pe[u]
près complète : hypocrisie plus que retenue. En Is[
lam, au contraire, la chasteté n'est pas une vert[u]
prisée et l'on parle de l'amour sans détour et san[s]
gaze; une petite fille de 6 ans n'ignore pas grand[
chose. C'est ainsi. Est-ce meilleur? Est-ce plus mal[?]
Il ne paraît pas que les deux sociétés diffèrent beau[
coup dans les manifestations de leurs passions. L'ob[
servateur impartial en arrive à penser que c'est équi[
valent quant aux résultats.

Vous entendrez souvent des femmes musulmane[s]
protester contre le voile, contre la claustration e[t]
faire appel à notre appui pour s'en débarrasser; n[e]
faites pas chorus, c'est là une question purement mu[

Damas. — Minaret de la Mosquée des Omniades.

sulmanc, à résoudre par les musulmans; conformez-vous aux habitudes usitées, n'entrez pas dans les pièces où votre femme reçoit des musulmanes, empêchez qu'aucun homme n'y entre ou ne s'en approche. La moindre anicroche risque de mettre tout le monde en méfiance, de vous faire perdre tout le fruit de vos efforts.

Vous remarquerez, en Orient, que les femmes chrétiennes désirent des enfants, tandis que la grande majorité des femmes musulmanes ne sont que résignées à la maternité. C'est ce qui explique à la fois la survivance incroyable des communautés chrétiennes, qui sembleraient avoir dû disparaître après les massacres répétés qu'elles ont subis, et l'obligation où se sont trouvés les Turcs, pour ne pas être submergés, d'ériger le massacre en moyen de gouvernement normal. Si les choses continuent sur le pied actuel, dès que les chrétiens auront la sécurité, ils prendront vite la supériorité numérique.

Il est à noter, d'ailleurs, que les Turcs ont été décimés par les guerres d'Abd-ul-Hamid, et notamment ses essais malheureux de conquête du Yémen; que, pendant la dernière guerre, plus d'un million de leurs hommes les meilleurs, de la classe paysanne, sont morts de misère et du typhus; que la guerre actuelle du kémalisme prolonge au delà du possible cette misère des campagnes.

Mais, d'autre part, l'émigration chrétienne vers l'Amérique a pris des proportions inquiétantes, notamment dans le Liban en 1920.

Pour conclure, vous voyez donc que l'officier célibataire, s'il est plus apte à la vie militaire proprement dite, est désavantagé dès qu'il essaie de jouer son rôle de missionnaire français. Pour ce rôle, l'action de la femme connaissant les coutumes indigènes permet d'escompter les meilleurs résultats. Bien entendu, il a tout à gagner à rester cependant modeste, volontairement effacé. C'est surtout dans la famille qu'on aura à lutter contre la politique des cadeaux; résistez d'une façon absolue, la moindre fissure est fatale.

Il vous arrivera d'entendre beaucoup de commérages, conversations oiseuses sur chacun et qui n'ont que des inconvénients; il faut, vous et les vôtres, vous en abstenir. Si nous pouvions importer en France le respect du « home » et de la liberté individuelle, habitudes britanniques qui font des Anglais les voisins idéaux, ce serait un vrai progrès. Les Parisiens sont volontiers indifférents aux faits et gestes de leurs voisins; les provinciaux, au contraire, sont souvent habitués à en faire le fond de leurs conversations : abstenez-vous absolument; si vous ne pouvez éviter, parlez des qualités et des vertus de vos voisins et omettez complètement le reste; votre maison deviendra un terrain d'union et de concorde pour tous les gens de bonne volonté, qui sont le nombre.

Donc, emmenez votre famille si, préalablement, vous avez obtenu l'autorisation nécessaire; qu'elle concoure à votre œuvre de propagande et vous refasse au loin, un coin de votre pays.

La durée normale du séjour au Maroc est de deux ans; au Levant, de dix-huit mois. C'est à peine suffisant pour se mettre au courant; si, comme il est à penser, votre état de santé le permet, demandez à prolonger. Il est de l'intérêt général qu'ayant acquis l'expérience des choses et des gens, vous en fassiez profiter le service : cela vous sera d'autant plus facile que votre famille sera autour de vous; et, bien probablement, vous serez à la troisième période qu'indiquaient les vieux Africains : dans la première, on est un fougueux arabophile, dans la deuxième un violent arabophobe, et dans la troisième on arrive enfin à être « arabojuste ». Cette classification s'applique partout.

### V. — Un peu de bibliographie.

Quand on aborde un pays nouveau, dont on ignore tout ou à peu près, il est souvent difficile de se documenter rapidement, faute de trouver une liste de livres à lire. Les titres que je vais indiquer permettent une première orientation; à chacun de la compléter ensuite. D'abord, il faut lire les vieux livres; écrits par des gens qui n'étaient pas pressés et qui présentaient au maximum les préjugés dont nous sommes encore imbus, au moins inconsciemment, ils nous donnent le point de départ de bien des jugements erronés. Et d'ailleurs, comment comprendre la France actuelle si on ignore Louis XIV et Napoléon? L'histoire est un éternel recommencement. Les mêmes aphorismes ont servi, au Sénat romain, pour combattre l'occupation de l'Africa, sous Louis XV pour déconsidérer nos efforts aux Indes et au Canada, à Lamartine pour combattre l'Algérie, à Clemenceau pour empêcher l'Egypte ou faire tomber Jules Ferry. Et, chose incroyable, ces arguments, dont l'événement a toujours démontré l'erreur, ont constamment trouvé des auditeurs non avertis, ignorants des précédents et prêts à les prendre pour argent comptant. Ce qui prouve l'utilité de l'expérience et de la documentation. Voici donc quelques livres dont la lecture sera profitable :

#### Pour le Maroc.

*Etat présent de l'Empire de Maroc*, par PIDOU DE SAINT-OLON (ambassadeur de Louis XIV) (1644).

*Relation de la captivité du S<sup>r</sup> Mouette dans les royaumes de Fez et de Maroc, où il a demeuré pendant onze ans* (1683)

*Voyage dans l'Empire du Maroc et le royaume de Fez pendant les années 1790 et 1791*, par G. LEMPRIÈRE.

*L'Afrique romaine*, par Gaston BOISSIER.

*Le voyage de de Foucault*, qui reste la Bible du Maroc.

*Mœurs, coutumes et institutions des indigènes de l'Algérie*, par le lieutenant-colonel VILLOT (1888).

*Correspondance du capitaine Daumas, consul à Mascara (1837-1839)* (1912).

*Les civilisations de l'Afrique du Nord*, par Victor PIQUET.

*La question indigène en Algérie au commencement du XX° siècle*, par Ernest MERCIER (1901).

*Magie et religion de l'Afrique du Nord*, par Edmond DOUTTÉ (1909).

*Les récits de voyages de Segonzac, Brives, Gentil, au Maroc.*

*Trois mois de campagne au Maroc*, par le docteur WEISGERBER (ouvrage qui a servi pour les campagnes de 1907 à 1909) (1904).

*Recherches anthropologiques en Berbérie orientale*, par CHANTRE et BERTHOLON (1910).

*Le Maroc d'aujourd'hui*, par Eugène AUBIN (1904).

*Une ville de l'Islam : Fès*, par Henri GAILLARD (1905).

*Au Maroc*, par Gustave BABIN (1912).

*Au secours de Fez*, par Louis CAPPERON (1912).

*Comment nous avons conquis le Maroc (1845-1912)*, par E. DUPUY.

### Pour le Levant.

*Voyage en Egypte et en Syrie*, par VOLNEY (1823).

*Tableau de la cour ottomane*, par J.-E. BEAUVOISINS, chef d'escadron (1809).

*Histoire des Arabes*, par L.-A. SÉDILLOT (1854).

*Un séjour à l'ambassade de France à Constantinople sous le second Empire*, par la baronne DURAND DE FONTMAGNE (1902).

*La Révolution turque*, par Victor BÉRARD (1909).

*L'Europe et l'Empire ottoman*, par René PINON (1909).

*Le sultan, l'islam et les puissances*, par Victor BÉRARD (1916).

*Essai sur les nationalités*, par J. DE MORGAN (1917).

*Le sort de l'Empire ottoman*, par André MANDELSTREN (1917).

*Contre les barbares de l'Orient*, par J. DE MORGAN (1918).

*Histoire du peuple arménien*, par J. DE MORGAN (1919).

*Le mirage oriental*, par Louis BERTRAND (1920).

*La fin de Stamboul*, par Henry MILÈS (essai sur le monde turc) (1921).

*La Cilicie et le problème ottoman*, par Pierre REDAN (1921).

*La Cilicie en 1919-1920*, par Edouard BRÉMOND (1921).

*L'aventure kémaliste*, par Omer KIAZIM (1921).

*La Syrie*, par Georges SAMNE (1921).

*Le kémalisme devant les Alliés*, par Michel PAILLARÈS (1922).

Bien entendu, il faut lire *l'Afrique française, l'Asie française, la Correspondance d'Orient*, qui, avec un caractère officieux, donnent une bonne documentation; tâchez de vous procurer les vieux livres jaunes; entre les lignes, vous pourrez découvrir l'origine de beaucoup de nos difficultés actuelles; vous verrez souvent qu'un petit effort à l'origine aurait évité de grosses conséquences ultérieures, lourdes à compenser. Mais le savoir, c'est déjà être en état d'y aider dans votre petite sphère; l'utilité de ces lectures est donc évidente.

### VI. — Conclusions.

La vie hors de France n'a rien de redoutable; la plupart de ceux qui en ont goûté, au contraire, conservent un souvenir fidèle et tenace de son activité, de sa bonne camaraderie, de son intérêt constant. Le ciel de France était doux pour Marie Stuart, habituée aux brumes d'Ecosse; pour ceux qui ont vu les mers lumineuses des tropiques ou de l'équateur, la lumière magique des Saharas, il paraît au contraire souvent bien sombre, bien bas.

Hugues Le Roux raconte que les Esquimaux ne pouvaient s'expliquer son audace d'avoir visité l'Abyssinie brûlante, et qu'au contraire le négus s'étonnait qu'il ait affronté les neiges polaires; les hésitations qu'on éprouve à tenter l'aventure sont parentes par l'ignorance de ces ébahissements.

Et, d'ailleurs, ce dont il s'agit pour nous est un devoir primordial envers notre pays; il s'agit de lui donner au plus vite des assises mondiales assez solides, assez vastes pour décourager les aspirations de revanche de 70.000.000 d'Allemands contre 38.000.000 de Français : voilà tout le problème. Problème non

pas seulement militaire, car il n'y a pas de question
militaire isolée, mais commercial, industriel, naval,
colonial, en un mot national.

De Voguë, dans un de ses livres, faisait poser à un
officier colonial la question impie de savoir si, au
cours de ses randonnées au Tchad et ailleurs, il ne
perdait pas de vue la cathédrale de Strasbourg. Nous
avons montré, au cours de cette guerre, de manière
indiscutable, ce qu'il en était.

Il s'agit pour nous, maintenant, de conserver cette
cathédrale reconquise, en préparant des ressources
extérieures qui compensent les sacrifices qu'elle a
exigés. La tâche est élargie; il faut le concours de
tous; la patrie fait appel au vôtre : le lui refuserez-
vous?

# TABLE DES MATIÈRES.

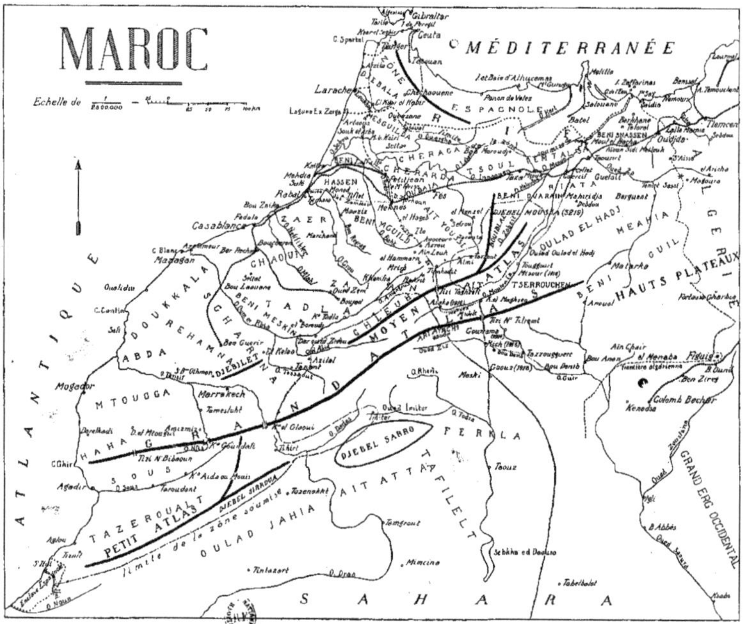

MAROC
Echelle de 1/2.500.000
MÉDITERRANÉE
Gibraltar
Ceuta
Tanger
C. Spartel
Tetouan
Larache
ZONE
ESPAGNOLE
Chechaouene
Penon de Velez
Melilla
J. Zaffarinas
Oudjda
BENI SNASSEN
DJEBALA
RIF
TSOUL
RIATA
BRANES
Kenitra
Mehdia
Salé
Rabat
Fès
Meknès
BENI MGUILD
HASSEN
CHERARDA
ZAER
Casablanca
Fedala
BENI GUERIL
OULED EL HADJ
MEHAYA
BENI
HAUTS PLATEAUX
Mazagan
ZAIAN
DJEBEL HOUSSA (3219)
ATLAS
AIT ATTA
TSERROUCHEN
DOUKKALA
ABDA
GHIAOUIA
TADLA
BENI MESKIN
MOYEN
ALGÉRIE
Safi
CHLEUH
GRAND ATLAS
Mogador
MTOUGGA
Marrakech
HAHA
GHRIS
DJEBILET
Colomb Bechar
Kenadsa
SOUS
Agadir
Taroudant
TAZEROUALT
PETIT ATLAS
DJEBEL SIRROUA
FERKLA
DJEBEL SARRO
FILELT
OULAD JAHIA
limite de la zone soumise
GRAND ERG OCCIDENTAL
S A H A R A
ATLANTIQUE
O. Draa

9 782329 034379